BLURBS

Il libro non solo aiuta a elaborare la perdita dei propri cari, ma anche a superare situazioni passate e perdonare se stessi. Secondo me, il libro rafforza la personalità.

— ROSE

Questo è un libro eccellente per chiunque abbia bisogno di lasciar andare qualcuno che ama ma che non vorrebbe amare.

— ANNA F.

Tutti hanno bisogno di un libro come questo a un certo punto della loro vita.

— MIA P.

ORA TI LASCIO ANDARE

COME RITROVARE TE STESSA DOPO UNA ROTTURA

ANTONIA L

I tesori più preziosi vengono custoditi dal drago più terribile.

Per raggiungere i tesori, bisogna andare dal drago...e baciarlo.

— BERT HELLINGER

INDICE

PREFAZIONE

La relazione è finita. Ora devi lasciarlo andare. Cosa significa questo, in realtà? Dovresti lasciar andare l'amore che hai provato? Dovresti lasciar andare i sentimenti che hai provato? Non puoi cancellare una persona dai tuoi ricordi. Lasciar andare vuol dire abbandonare la rabbia, la tristezza e il risentimento che potresti provare nei confronti di chi non sta più con te. La separazione fisica è la parte facile. Ora devi concentrarti sulla separazione mentale.

È facile per gli altri dirti di lasciar perdere. Tuttavia, ognuno ha il suo modo peculiare di separarsi. Per alcuni è più difficile, ed è per questo che è importante avere una guida. Il mio obiettivo in questo libro è aiutarti a incrementare le conoscenze su come guarire il tuo cuore e potenziarti per essere più forte.

Anche se hai degli amici che ti hanno raccontato i loro patemi di cuore e come sono riusciti ad andare avanti, per te non sarà lo stesso. Devi capire come guarire in un modo che vada bene per te. Parlerò di una varietà di strumenti da utilizzare per aiutarti a convincerti a ricordare che l'uomo con cui stavi non era il tuo vero amore. Se voi due non state più insieme è perché non eravate fatti l'uno per l'altra.

L'amore conquista tutto. L'amore trova una strada. Se voi due eravate fatti per stare insieme, non vi sareste lasciati. Ora che non state più insieme devi lasciarlo andare, in modo da poter voltare pagina. Altrimenti, lui rimarrà sempre nei tuoi pensieri. Quando un uomo è nei tuoi pensieri, sarà impossibile per te concepire l'idea che possa esserci qualcun altro. Questo è uno dei motivi per cui devi capire come lasciarlo andare. Non è sano rimanere attaccata a qualcuno che non merita il tuo amore. Lascialo andare, così da poter diventare la versione più felice e più sana di te stessa.

Nel corso degli anni ho lavorato con molte donne e molte coppie per capire come aiutarle a guarire. Ho visto donne uscire distrutte dalle loro relazioni. Ho visto come ci possano volere anni per riprendersi da una brutta rottura. Non c'è motivo per cui dovresti lasciar passare gli anni mentre affronti il dolore. Una brutta rottura può far crollare la tua autostima e io sono qui per mostrarti come riprenderti il più rapidamente possibile.

Se permetti a te stessa di sprofondare nel baratro della depressione per via di un uomo, ha vinto lui. Si prende la tua autostima. Si porta via anni della tua vita. Si porta via la tua capacità di amare. Questo non è giusto. Devi a te stessa di più e non devi permettergli di esercitare tutto questo potere su di te. Questo libro serve a mostrarti come ribaltare la situazione a tuo favore. Con più autodeterminazione puoi avere il controllo sulla rottura. Puoi imparare a tenere sotto controllo la situazione e i tuoi pensieri in modo da lasciar perdere e andare avanti.

Se dovessi incontrare il tuo ex per strada settimane, mesi o anni dopo la rottura, ti dovresti sentire abbastanza distaccata emotivamente da sorridere e salutarlo senza provare una fitta di dolore o il minimo rimpianto. Puoi dimostrargli che sei andata avanti. Non sei più ossessionata da lui e non ti chiedi più come sarebbe potuta andare.

Lasciar andare è un passo importante per il resto della tua vita. Anche se puoi dire a te stessa che è meglio aver amato e perso che non aver amato mai, non devi, però, focalizzarti sulla fine di una relazione al punto da precluderti possibilità future. L'amore è un'emozione fantastica. È potente. Se non riesci a lasciarti andare può essere difficile per te sentirti completa.

Sfortunatamente, l'amore implica dei rischi. Amare significa aprirsi e rendersi vulnerabili davanti a un altro essere umano. Se quella persona non è adatta a te, puoi ritrovarti a pezzi quando la relazione finisce. Essere più resiliente ti permette di realizzare in fretta che lui non era adatto a te. Puoi voltare pagina più velocemente senza sentirti come se avessi perso qualcosa di inestimabile.

La resilienza non è sempre lì. Va costruita. Quanto tu sia resiliente alla fine di una relazione dipende da un certo numero di fattori. Se uscivi con quella persona da tanto tempo, se vi eravate scambiati dichiarazioni d'amore e se sentivi un'alchimia fantastica, la fine della relazione potrebbe rivelarsi un forte shock per il tuo sistema. È questo il caso in cui devi costruire la tua resilienza in modo che la rottura non ti crei danni destinati a durare per il resto della vita.

È facile lasciare che una rottura ti consumi: smetti di uscire, passi tutto il tempo a piangere e ti precludi altre possibilità. Anche se costruirsi un muro di mattoni intorno al cuore sembra la cosa più sicura, non è la soluzione più sana.

Ho visto troppe donne costruirsi un muro di mattoni intorno al cuore. E questo non le rendeva più felici. In realtà, la maggior parte delle donne è infelice quando crea muri intorno al cuore perché questa scelta toglie loro la possibilità di un amore futuro.

Questo libro serve a dimostrare come sia meglio diventare resilienti piuttosto che alzare un muro. Lasciar andare è il modo migliore per superare una relazione. Come consulente per le relazioni di coppia e la salute mentale, sono qui per accompagnarti lungo il percorso. Parleremo di rotture, guarigione e preparazione a un amore futuro.

Voglio vederti trovare il tuo lieto fine. Ma prima, cerchiamo di farti superare la brutta relazione che stai vivendo o quella che si è appena conclusa. C'è una luce in fondo al tunnel, quindi scopriamola.

Investite in ciò che vi fa stare bene. Il resto, evitatelo con classe.

— ANGELO DE PASCALIS

INTRODUZIONE

La felicità è una cosa estremamente importante. Ci sono momenti in cui bisogna fare un passo indietro e rivalutare la propria vita. Se c'è una fonte di infelicità è ora di lasciarla andare. Spesso tale fonte è la persona con cui stai. Se non ti rende felice e non ti permette di essere te stessa, non hai altra scelta che lasciarla andare.

Il problema è che lasciar andare qualcuno non è facile. Potresti avere centinaia di piccole ragioni per voler mantenere quella persona nella tua vita, anche se non sei del tutto felice: Hai una storia con quella persona, non vuoi restare sola, la gente si aspetta che voi stiate insieme. La lista può andare avanti all'infinito.

A un certo punto devi concentrarti su te stessa e sui tuoi bisogni, altrimenti non riuscirai mai a essere felice, o almeno non completamente. Devi capire come lasciar andare una persona in una direzione che permetta a entrambi di voltare pagina, lo devi a te stessa. Non puoi vivere al meglio la tua vita se continui a farti trascinare in basso da qualcun altro.

Questo libro insegna a capire come lasciar andare una persona in un modo che permetta di voltare pagina. Se hai mai visto un reality di incontri, sai che, se la persona non ha superato del tutto un rapporto precedente, le storie pregresse possono ripresentarsi sabotando una relazione. Tu non vuoi che il tuo passato saboti la possibilità di amare. Per questo è importante capire qual è il modo migliore per lasciar andare una relazione.

È facile sentirsi dire "lascialo andare". Ma sai già che in realtà non è così facile. I tuoi migliori amici possono anche dirti di andare avanti, ma questo non vuol dire che tu riesca a farlo da un giorno all'altro. È un percorso. E se non rispetti i vari passaggi, il dolore della rottura potrebbe perseguitarti negli anni a venire.

Troppe persone sono perseguitate dalle loro relazioni precedenti. Se pensi in continuazione a qualcuno del tuo passato quando stai con qualcun altro, questo è un chiaro segno che non hai voltato completamente pagina. Essere in grado di lasciar andare qualcuno è una questione sia fisica che mentale. Non basta non avere più quella persona fisicamente nella tua vita. Deve uscire anche dal tuo spazio mentale.

Il lasciare qualcuno implica numerosi passaggi:

- Sapere il "perché" lasci qualcuno
- Dire addio nel modo giusto
- Crearsi un sistema di supporto
- Prendersi il "proprio" tempo
- Sapere cosa si vuole
- Accettare i difetti
- Costruirsi la fiducia in se stessi
- Prendere le distanze dall'ex
- Andare avanti

Ogni passaggio è a modo suo importante. Non esiste un tempo specifico per quanto ci vorrà. Senza voler cadere negli stereotipi, ci vorrà il tempo che ci vorrà. L'importante è che ti concentri su ogni passaggio per il tempo che ci vuole. Altrimenti completerai ogni passaggio senza essere davvero in grado di lasciare qualcuno. Se una persona è nella tua vita e ti rende infelice, devi a te stessa il tempo di affrontarla nel modo giusto affinché non ti perseguiti più sabotando il tuo futuro.

Ogni capitolo si focalizza su un particolare passaggio, spiegandoti il perché di quello specifico passaggio e come superarlo. Non permettere a nessuno di fissare le tempistiche al posto tuo. Solo tu puoi stabilire quale sia la giusta quantità di tempo per superare tutto. Inoltre, non lasciare che sia qualcun altro a rispondere al "perché" al posto tuo. Molte persone nella tua vita hanno opinioni su cosa dovresti dire, fare e pensare, tuttavia loro non sono te. Non stanno vivendo la tua vita. Tu la stai vivendo.

Prendere il controllo della tua vita non è sempre facile. Potresti anche acquisire consapevolezza di aver perso il controllo su di essa solo quando inizi a provare a lasciar andare qualcuno. È in quel momento che realizzerai che quella persona ha più controllo sulla tua vita di quanto non ti aspettassi. Questo è il momento in cui hai una ragione in più per riacquistare il controllo. Altrimenti, non riuscirai a lasciare qualcuno se quel qualcuno tiene stretta la tua vita. Devi prima riappropriarti di quella vita.

Ci saranno molti momenti in cui ti guarderai indietro e ti chiederai quando hai perso il controllo. Come hai potuto lasciare che ciò accadesse? Come hai potuto lasciare che qualcuno esercitasse tutto questo potere su di te? Come puoi lasciar andare qualcuno quando è così invischiato nella tua vita? Tutte queste domande troveranno una risposta, e ad alcune di esse risponderai tu mentre passerai attraverso momenti di autoriflessione.

Alcuni passaggi saranno facili da superare, altri potrebbero farti piangere rannicchiata in un angolo per un po'. Va bene provare qualcosa. Va bene essere emotivi. Stai chiudendo un capitolo della tua vita e va bene essere tristi per questo. L'importante è ricordarsi che è necessario perché tu possa andare avanti. È necessario perché tu sia felice. Cominciare un nuovo capitolo sarà più facile se hai chiuso quello precedente, altrimenti ti ritroverai in una strana situazione in cui sei metà dentro e metà fuori.

Comunque sia, non puoi forzare le cose. Questo significa che devi essere pronta a lasciar andare qualcuno. Sei pronta ad aprire il prossimo capitolo della tua vita? Potrebbe non essere facile chiudere l'attuale capitolo, ma è il passo necessario per andare avanti. Con scelte di vita migliori arriverà la vera felicità. Puoi sperimentare cosa significa sorridere davvero, invece di sorridere forzatamente mentre vari aspetti della tua vita vanno in pezzi.

Lasciar andare. Sono due semplici parole, ma niente è semplice quando ci si riferisce a esse. Tuttavia, lasciar andare qualcuno può essere un'esperienza liberatoria che vale la pena affrontare. Forza, è ora di lasciar andare una volta per tutte.

A volte serve un cuore spezzato per farci scuotere e aiutarci a capire che valiamo molto di più di quello di cui ci accontentiamo.

1

PERCHÉ HAI BISOGNO DI DIRGLI ADDIO

Lasciar andare è possibile solo quando collochi la persona con cui stai nel passato. Se non vuoi che essa sia parte del tuo futuro, non puoi averla nel tuo presente. Quindi può appartenere solo al tuo passato. Perché questo accada, devi dirgli "addio".

Perché dovresti dire addio? Ci potrebbero essere un milione di ragioni perché quella persona debba uscire dalla tua vita una volta per tutte. Comunque sia, tu sei l'unica persona che può rispondere a questa domanda. Perché vuoi passare oltre? Perché quella persona è così sbagliata per te? Perché sta compromettendo la tua vita? Rispondere a queste domande sarà il primo passo per lasciar andare qualcuno.

Perché il tuo "perché" è importante

Non puoi andare avanti fino a che non conosci il tuo "perché". Perché hai bisogno di lasciar andare quella persona? Perché deve uscire dalla tua vita una volta per tutte? Puoi dire addio in maniera più efficace solo prendendoti il tempo di essere onesta con te stessa.

Avere ben presente il tuo perché renderà più facile anche affrontare gli altri passaggi. Non puoi rompere con qualcuno e allontanarlo per sempre dalla tua vita senza dargli un "perché". Inoltre, devi assicurarti di ricordare perché non appartiene più alla tua vita. Non sarai in grado di andare avanti se lo lasci semplicemente andare senza avere una buona ragione.

Se alcune tue amiche continuano a permettere agli uomini di tornare nelle loro vite e nei loro cuori, significa che non si sono prese il tempo per venire a patti con tutto. Ci potrebbe volere del tempo per capire perché hai bisogno che un uomo esca dalla tua vita. Comunque sia, una volta che hai stabilito la motivazione, sarà molto più facile voltare pagina. Sarai anche mentalmente più lucida per affrontare tutto questo.

Perché dovresti lasciar andare una persona? Perché questa persona dovrebbe uscire dalla tua vita? Perché non sei più innamorata? Perché ti rende così infelice? Queste sono le domande che devi porti. Devi avere la risposta a tutte queste domande prima di lasciar andare qualcuno. Se conosci il tuo "perché" nel profondo, sarà lui a darti più chiarezza. Ti permetterà di voltare pagina senza doverti più guardare indietro. Può essere il respiro di sollievo che stavi aspettando.

Qual è il "perché" giusto per dire addio?

Come fai a sapere se il tuo "perché" è quello giusto per dire addio al tuo partner per sempre? A volte lui ti fa sentire frustrata, ma questo è sufficiente per lasciarlo? Questa è una domanda personale che devi fare a te stessa. È tutta questione di vedere chi è e come ti fa sentire.

Se ti senti triste, o arrabbiata, o senti che ha approfittato di te, probabilmente vale la pena lasciarlo. In particolare, se gli hai già parlato dei tuoi sentimenti e senti che lui è incapace di cambiare, allora è il momento di voltare pagina. Non puoi sprecare anni della tua vita aspettando che lui abbia l'"illuminazione". Alcuni uomini non ti metteranno mai al primo posto. Alcuni uomini non sono in grado di concentrarsi su un altro essere umano. Nel momento in cui capisci di essere coinvolta in una relazione che non ti rende felice, devi sapere il perché e chiuderla.

Alcune relazioni sono decisamente tossiche. La persona che hai accanto non va bene per te. Ti trascina in basso. Ti fa stare male con te stessa. Tuttavia, per una ragione o per l'altra mantieni quella persona nella tua vita. Le permetti di manipolarti ripetutamente. Bisogna riconoscere questa tipologia di persone per quello che sono: tossiche.

Possono essere:

- violente
- narcisiste
- egocentriche
- autodistruttive
- pettegole
- bugiarde
- emozionalmente o mentalmente instabili

- dipendenti dal punto di vista economico

Ci possono essere molte altre ragioni. Non hai bisogno di stare con qualcuno che non ti fa sentire speciale. Anche se un uomo può avere la sua vita e i suoi problemi, non può girare sempre tutto intorno a lui. Se ci sono più momenti no che momenti sì, devi prenderne coscienza. Invece di ignorare i problemi e pensare che andrà meglio, sarebbe ora di affrontarli a testa alta e rendersi conto che no, non andrà meglio.

Questo è il momento in cui devi fare un po' di autoriflessione e capire chi è veramente la persona che hai accanto. Una volta che riesci a inquadrare la persona con cui stai uscendo, può essere più facile dirle addio una volta per tutte. Se salti questo passaggio, in qualche modo quella persona troverà un modo per ritornare nella tua vita e non riuscirai mai a superare la cosa.

Hai solo una vita da vivere e quindi devi viverla al meglio. Se qualcuno è violento nei tuoi confronti, ti sta portando via la tua felicità. Se è narcisista, i tuoi bisogni passano in secondo piano. Se è autodistruttivo, è solo questione di tempo prima che inizi a distruggere la tua vita. Alcune persone sono sfibranti dal punto di vista mentale, mentre altre dal punto di vista emotivo.

Un partner che spettegola o mente in continuazione può sfibrarti dal punto di vista emotivo fino a farti sentire sempre esausta. Questo avrà ripercussioni su altri aspetti della tua vita. Potresti ritrovarti a essere sgradevole con le persone più vicine a te, sia familiari che amici. E questo potrebbe influenzare anche le tue prestazioni lavorative.

Non puoi permettere a una persona di governare incessantemente la tua vita con le sue caratteristiche tossiche. Se una persona è emotivamente o mentalmente instabile finirà per invadere la tua vita. Ti ritroverai a fare la badante più che la fidanzata. È questo quello che vuoi per il resto della tua vita? No di certo. Per questo è fondamentale per te stabilire perché hai bisogno che quella persona esca dalla tua vita.

Ci potrebbe essere più di un "perché" riguardo la persona che devi lasciar andare.

Potresti essere pronta a sorvolare su un aspetto riguardo a chi è o a come ti fa sentire. Comunque sia, se possiede diverse caratteristiche che ti fanno mettere in discussione la ragione per cui stai con lei è molto più facile capire perché devi dirle addio.

Se non ti mette mai al primo posto, monopolizza sempre le conversazioni e ti consuma dal punto di vista emotivo, tu non sarai mai la sua priorità. Non raggiungerai mai l'equilibrio sano di cui hai bisogno in una relazione. Anche se un simile fattore può essere trascurato nel breve termine, non è una soluzione efficace nel lungo periodo. A un certo punto, ti stancherai delle sue peculiarità. Prima la lasci andare, prima volterai pagina. Altrimenti te la ritroverai per anni nella tua vita. Questo non è giusto per te, e non devi pentirti di averla lasciata andare prima.

. . .

Il tuo “perché” può essere personale. Ricorda, non devi una spiegazione a nessuno sul perché stai lasciando una persona. I tuoi amici o familiari potrebbero voler sapere perché stai ancora con lei o perché hai scelto di lasciarla. Anche se puoi parlare di queste cose con loro, non devi a nessuno una spiegazione. L’unica persona a cui devi una spiegazione è quella che stai lasciando, ma non siamo ancora a questo passaggio.

Devi sapere nel profondo del tuo cuore e della tua testa che una persona non va bene per te. Può essere di bell’aspetto, avere un lavoro ben pagato, può anche avere una bellissima famiglia. Comunque sia, queste non sono ragioni sufficienti per stare con una persona. All’inizio potresti sentirti sola senza di lei. Potresti scoprire che i tuoi amici non condividono la tua scelta. Alla fine, però, è una tua decisione, per la tua felicità. Se lasci qualcuno perché ti sta creando stress e ti impedisce di raggiungere la vera felicità, devi farlo.

La buona notizia è che una volta stabilito il tuo “perché”, è più facile andare avanti. Non devi preoccuparti che quella persona riempia i tuoi pensieri sabotando le tue future relazioni. Non devi solo lasciarla andare, ma anche voltare pagina. Può essere un’esperienza liberatoria, ed è qualcosa per cui vale la pena investire del tempo per assicurarsi di farlo in modo appropriato.

Il diario del tuo "perché"

In questo momento non devi preoccuparti di cosa gli dirai. Non devi ancora preoccuparti della rottura. L’unica cosa su cui devi focalizzarti al momento è il “perché”. Sapere il perché vuoi e hai bisogno di dirgli addio ti renderà più facile voltare pagina e trovarti in una condizione mentale positiva per il futuro.

. . .

Scrivi ogni cosa.

Devi essere sicura di credere nel tuo perché. Hai anche bisogno di tenerlo sempre a mente. Capire il perché hai bisogno di dire addio è la parte più facile del lasciar andare una persona. Una volta che sei sicura della decisione, è più semplice mantenerla saldamente. Essere titubante sulle motivazioni renderebbe più facile per il tuo ex rientrare nella tua vita. Non devi perdere il controllo ed è per questo che devi scrivere le tue motivazioni.

Crea un diario per documentare l'azione di lasciare qualcuno. Avere uno spazio dove riportare i tuoi pensieri più intimi può essere un modo per instaurare un dialogo con te stessa.

Inizia con qualche elenco puntato su quello che non ti piace di lui. Sii specifica. Come ti fa sentire? Cosa dice e fa che non ti piace? Non appena inizierai a essere onesta con te stessa e con i tuoi sentimenti forse scoprirai di avere una mezza dozzina di punti nell'elenco (o di più). Questa è un'ottima cosa perché ti dà la certezza di non essere più disposta ad accettare l'attuale situazione.

Più lunga è stata la relazione, più difficile sarà dire addio. Hai molti sentimenti verso quella persona. Hai investito molto del tuo tempo nella relazione. Ciononostante, più voci ci sono nell'elenco più sarà facile per te vedere quello che sta accadendo.

. . .

Pensare al perché hai bisogno di lasciar andare una persona vuol dire fare un passo in più. La lista scritta ti aiuterà a rendertene conto. Ti aiuterà a percepire le cose in modo diverso. Se metti per iscritto che è un egotista, questo ti aiuterà a comprenderlo più facilmente. Puoi averlo pensato per un po'. Ora che è scritto su un pezzo di carta, puoi elaborare la cosa. Il suo grande ego potrebbe ostacolare te e la tua felicità. Se non è cambiato nel corso degli anni, in modo da soddisfare il suo ego tanto quanto le donne della sua vita, non c'è motivo per cui tu debba accettare la situazione e basta.

Mentre alcuni difetti sono accettabili, altri non lo sono. Non puoi permettere a dei difetti inaccettabili di ostacolare il tuo cammino verso la felicità. Quando è troppo è troppo, individuare i difetti e tenertene alla larga è una cosa che devi a te stessa. La tua felicità è più importante del continuare a rendere qualcun altro felice. Tu devi venire al primo posto.

Tenere un diario offe numerosi benefici salutari che possono aiutarti a elaborare il "perché" in maniera più efficace.

Tenere un diario potrebbe essere una cosa nuova per te, ma è un processo che esiste almeno dal X secolo. Puoi scegliere se usare carta e penna, un'applicazione sul tuo telefono, o persino creare un blog visibile solo a te.

Scrivere un diario ha un impatto positivo sul tuo benessere fisico. È anche uno strumento di gestione dello stress. Decidere di lasciarsi alle spalle una relazione è stressante. Per questo hai bisogno di un modo per contrastare lo stress: tenere un diario evitera che esso si manifesti in modo negativo sulla tua salute fisica.

Ricorda che non c'è alcun arco temporale prefissato per ogni passaggio. Una volta che hai deciso di dire addio, puoi prenderti tutto il tempo di cui hai bisogno. Tenere un diario ti renderà più facile chiarirti cosa stai pensando e provando. Potresti sentirti confusa, e un diario può aiutarti.

Nello specifico, se stai combattendo con un paio di punti dell'elenco, chiudi gli occhi per un paio di minuti. Poi dedica un paio di minuti a scrivere i tuoi pensieri e le tue emozioni riguardo l'uomo che in quel momento, nella tua vita, ricopre un ruolo centrale. Questo ti aiuterà a entrare più facilmente in contatto con i tuoi pensieri più profondi.

Scoprirai che il tenere un diario ti permette di conoscerti meglio. Se c'è qualcuno di tossico nella tua vita, verrà fuori nella scrittura. Potresti provare ogni sorta di sentimento a cui prima non riuscivi davvero a dare un nome. Può essere tristezza, rabbia, risentimento e ogni tipo di emozione dolorosa. L'intensità di questi sentimenti deve essere liberata e tenere un diario è un modo per affrontarli in modo efficace. Nel riportare progressivamente tutti i sentimenti sulla carta, scoprirai di non essere più così stressata, perché non tieni più queste emozioni imprigionate dentro di te. Tenere un diario ha la funzione liberatoria necessaria che stavi cercando.

Hai un problema da risolvere: perché il tuo attuale partner non va bene per te? Se non è una domanda facile a cui rispondere, un diario può essere un modo per risolvere la situazione. Quando utilizzi l'emisfero destro del cervello liberi la creatività. Anche se non sei una scrittrice nata, sforzarti di ricavare pochi minuti da dedicare alla scrittura libera ti permetterà di canalizzare quella creatività. Quando rileggerai quello che hai scritto forse scoprirai che l'emisfero destro del tuo cervello ha risolto alcuni dei tuoi problemi senza che te ne accorgessi.

Dire addio vuol dire liberarsi

Devi dire addio in un modo che non tenga aperta la porta onde evitare che il tuo partner possa tornare indietro. Devi assicurati di chiudere la porta quando dici addio in modo da fargli capire chiaramente che la relazione è finita.

È qui che molte persone falliscono. Se non sai perché stai dicendo addio (o lui non lo capisce), c'è la possibilità che tu lo induca a tornare nella tua vita. In un momento di debolezza, si potrebbe scusare. Il passo successivo è che torna a essere il tuo ragazzo. Continuerà a fare gli stessi errori e tu ricomincerai ad avere quegli stessi sentimenti complicati e infelici.

Hai solo una vita da vivere. Perché continuare a fare sempre gli stessi errori? Meriti di meglio ed è per questo che devi dirgli addio. Assicurati che il tuo addio sia un sonante addio, in modo che non ci siano più sentimenti complicati tra voi due.

È importante che usi davvero la parola "addio" anche nella tua testa. Addio non vuol dire "arrivederci" o "ci vediamo". È per sempre. È un capitolo della tua vita che si chiude. Addio vuol dire che non lo rivedrai più, ti permette di comprendere che quel capitolo è chiuso così da poter voltare pagina.

È qualcosa di sano per entrambi. Molte persone non dicono davvero "addio". Dicono, invece, cose come "mi serve del tempo", un commento che fa sembrare che la rottura sia temporanea. Il tuo partner potrebbe non riuscire ad andare avanti, nella speranza che tu possa trovare la lucidità di cui hai bisogno per tornare insieme. Inoltre, così non fai che cercare di rimandare l'inevitabile in modo da non doverlo affrontare immediatamente, ma questa non è una tattica salutare.

Procrastinare l'inevitabile ti toglierà solo altro tempo. Ti farà solo soffrire di più quando dovrai spiegare all'uomo che hai davanti perché non va bene per te. Nel momento in cui stabilisci il tuo "perché" devi lasciarlo, dirgli addio. Altrimenti è un prolungare la rottura molto più del necessario. Non è giusto per te, e non è giusto per lui.

Lasciarsi è difficile. Non c'è mai un modo semplice per farlo, ma è una cosa che deve essere fatta. Lasciar andare qualcuno non è una cosa semplice perché hai dato una parte di te stessa a un'altra persona. Ti sei aperta e ti sei resa vulnerabile. Per ogni relazione fallita, probabilmente innalzerai mura intorno a te stessa per proteggere il tuo cuore. Se impari a lasciar andare quando è il momento, non avrai bisogno di costruirti quelle mura.

Lasciar andare qualcuno dev'essere un sistema per proteggere il tuo cuore. Le relazioni finite non sono il simbolo di un fallimento. Le relazioni finite sono un mezzo di apprendimento. Impari cosa vuoi nella vita. Diventi una campionessa dell'amore. Ti assicuri di non accontentarti di nessuno.

Lasciar andare qualcuno vuol dire essere emotivamente disponibile verso la prossima persona che lasci entrare.

Se vuoi lasciare qualcuno nel modo più sincero possibile, devi dire addio e sapere il perché. Nella tua testa sappi che l'addio è per sempre. È un qualcosa di definitivo. Non hai più bisogno di quella persona nella tua vita, almeno non nel senso romantico che aveva in passato. Il tuo "perché" è ciò che ti renderà più facile andare avanti con gli altri passaggi senza avere ricadute e senza permettere alla persona di tornare.

Lasciar andare vuol dire dimenticare ciò che non era destinato a te.

2

DIRE ADDIO

Ora che sai perché devi dire addio, devi andare davvero fino in fondo. Non vuoi essere accusata di tenere in sospeso qualcuno più del necessario. Devi rompere i legami con il tuo partner per poterlo lasciar andare.

Dire addio non è facile come mandare un messaggio o una mail. È qualcosa che deve essere fatto bene. Perché possiate entrambi andare avanti, devi affrontare la rottura in modo maturo. Questo vuol dire che devi farlo faccia a faccia. Anche se può non essere facile, per te sarà la cosa migliore nel lungo periodo.

Ci sono un paio di cose a cui devi pensare quando stai dicendo addio a qualcuno. Devi rompere con il tuo partner, ottenere la separazione di cui avete bisogno entrambi e stabilire un distacco emotivo.

Anche se potresti non essere troppo concentrata sui suoi sentimenti, devi assicurarti che sia chiaro che sta avvenendo una rottura. Altrimenti, hai risparmiato i suoi sentimenti senza chiarire che la relazione è finita. Se vuoi davvero lasciarlo andare, non ci devono essere dubbi di sorta. Lui deve sapere che è finita e che voi due non tornerete mai più insieme. Perché accada ciò, potresti dover essere più dura di quanto la tua personalità ti spinga a essere.

Dire addio richiede anche un minimo di programmazione da parte tua. Non è qualcosa che devi fare in fretta. Concentrati su ciò che deve essere fatto in modo da poter andare avanti con gli altri passaggi. Se vuoi lasciarlo una volta per tutte, devi dirgli addio in un modo che sia davvero chiaro per entrambi.

La rottura

Sfortunatamente, non esistono linee guida ferree da seguire quando rompi con qualcuno. Quel qualcuno è stato il tuo partner per un po'. Tu lo conosci meglio di chiunque altro. Questo vuol dire che dovrai anticipare la sua reazione. L'ultima cosa che vuoi è che faccia una scenata nel posto in cui hai deciso di lasciarlo. Inoltre, devi assicurati di avere una via di fuga per quando sei pronta ad andartene.

La rottura non dovrebbe essere qualcosa di spontaneo. Esattamente come pianifichi un appuntamento, così anche la rottura deve essere organizzata. Questo ti dà il tempo di focalizzarti su vari dettagli:

- Cosa vuoi dire
- Cosa vuoi fare
- Dove vuoi rompere

- Come vuoi lasciare le cose

Cosa vuoi dire?

Devi dire qualcosa che gli faccia capire che è finita. Tutto il discorso "non sei tu, sono io" è una sciocchezza. L'unica cosa che un discorso del genere dice all'altra persona è che non vuoi che stia male. La maggior parte delle relazioni si fanno complicate quando le chiudi perché c'erano dei sentimenti reali coinvolti. Se non ti dispiace rompere, non c'è niente che devi realmente lasciar andare.

Quando dici di voler rompere non è semplice come dirlo e andare avanti. Perché vuoi rompere? Perché adesso? Queste sono cose a cui devi rispondere per il tuo benessere mentale e per il suo. Devi essere consapevole dei suoi sentimenti, senza reprimere i tuoi nel processo della rottura.

Dì quello che vuoi dire.

Non c'è alcun motivo per tenertelo dentro. Potresti essere arrabbiata o triste per la fine della relazione. Una volta che conosci le tue motivazioni, però, sai che devi portare avanti la rottura. Quindi, procedi e tira fuori tutto. Non sentirti obbligata a censurare le tue emozioni.

Se non sai come dirlo o non sai come reagirà alle tue parole, prova la rottura. Scrivila. Dilla di fronte allo specchio. Recitala con un amico. Puoi anche dimostrarti creativa nel modo in cui pronuncerai le parole che apriranno l'intera sequenza della rottura.

. . .

Recitare la rottura in un modo o nell'altro è sano. Ti dà la certezza di sapere cosa stai per dire in modo che sia più facile da affrontare. Se ti si blocca la lingua può essere più difficile esprimere i tuoi pensieri. Potresti anche tralasciare qualcosa di importante, come il fatto che vuoi davvero rompere con lui.

Cosa vuoi fare?

Quando devi affrontare la rottura devi pensare a te stessa come a un burattinaio. Come vuoi orchestrare la rottura in modo che vada secondo i tuoi piani? Magari vuoi la persona seduta accanto a te o di fronte. Magari vuoi aspettare di essere in un luogo pubblico.

Tu lo conosci meglio di chiunque altro. Qual è la sua personalità? Se è timido e riservato potrebbe essere meglio rompere in un luogo privato dove poi può rimanere da solo con i suoi sentimenti. Se è chiassoso e tende a maltrattarti, potrebbe essere meglio rompere in un luogo affollato in modo da sentirti più protetta.

La rottura dovrebbe avvenire faccia a faccia, ma ci sono circostanze in cui non è possibile. Se hai una relazione a distanza, nessuno dei due dovrebbe spendere denaro per affrontare la rottura. Questo è il caso in cui si può usare la videochiamata. Ti garantisce il faccia a faccia che la situazione richiede senza chiedere al tuo lui di venire a trovarti solo per spezzargli il cuore.

Dove romperai con lui?

La location è critica perché non vuoi che scoppi una scenata. Vuoi anche sentirti al sicuro nel luogo dove avviene la rottura.

Se il tuo partner tende a essere imprevedibile, chiassoso o intimidatorio, è meglio scegliere un luogo pubblico. Se senti che potrebbe diventare violento o cercare di scendere a patti per rimanere insieme, potresti volere un amico vicino a te che possa offrirti un supporto durante questo calvario.

I ristoranti sono pubblici ma possono essere costosi. Non vuoi che lui ti offra una bella cena per poi lasciarlo. Si risentirà del fatto che sta buttando denaro per una cena di rottura.

Le caffetterie sono pubbliche, e a buon mercato. Se non vuoi stare da sola nell'intimità di casa tua, andare in un locale della zona potrebbe essere la soluzione migliore.

Se sai che entrambi siete in grado di affrontare la rottura in modo adulto, senza troppi drammi, prendi in considerazione di farlo a casa sua. Questo ti permetterebbe di andar via a cose fatte. Se lui è a casa tua, potresti ritrovarti costretta a cacciarlo fisicamente quando vuoi finirla.

In particolare, se ci saranno lacrime, valuta la possibilità di offrirgli un po' di privacy. Non vuoi ritrovarti nella situazione in cui lui continua a piangere a casa tua e tu non sai come farlo andar via.

Come vuoi lasciare le cose?

È importante sapere come vuoi lasciare le cose dopo la rottura. Questo non vuol dire lasciare aperto uno spiraglio per poter tornare insieme. Vuol dire come intendi procedere per ottenere la separazione di cui hai bisogno.

Come lascerai le cose dipende molto da che tipo di relazione avete. Se è solo il tuo ragazzo, dovresti essere in grado di chiudere in modo semplice. Se è il compagno con cui vivi, uno dei due dovrà trasferirsi. Se è un tuo collega, uno dei due potrebbe doversi trovare un nuovo impiego. Se è tu marito, dovrai avviare il divorzio.

Assicurati di stabilire delle linee guida su come lasciare le cose. Invece di lasciare le cose in sospeso, pensa a quello che potresti dover affrontare.

- Hai degli effetti personali a casa sua che hai bisogno di recuperare?
- Lui ha le chiavi di casa tua?
- Avete delle spese in comune?

Tutto ciò che condividete dovrà essere diviso. Per esempio, se avete un animale, potresti dover decidere a chi rimarrà. È meglio pensare a queste cose subito. Fai una lista da consegnargli nel momento in cui rompete, altrimenti, dovrai occupartene in futuro. Se puoi ridurre al minimo i contatti futuri, è meglio, perché questo faciliterà la chiusura del rapporto e il tuo voltare pagina.

Chiudere nel modo giusto

Una chiusura è quello di cui tu e il tuo ex avete bisogno per andare avanti. Essa avviene quando entrambi accettate che la relazione è finita. Vi fornisce l'incentivo di cui avete bisogno per andare avanti con le vostre vite. Senza di essa non ti sentirai mai davvero sicura sulla possibilità di impegnarti in una nuova relazione, anche se non è qualcosa a cui stai pensando al momento.

Ognuno ha il suo modo di elaborare la chiusura di un rapporto. Anche se decidi di cancellare il suo numero dal telefono e toglierlo dai social, devi, però, assicurarti che la rottura sia davvero definitiva. Perché questo avvenga, entrambe le parti devono essere in grado di dire tutto quello che sentono il bisogno di dire.

Devi dire ciò che hai bisogno di dire.

Metti tutto sul tavolo, in modo che lui sappia perché stai rompendo. Nelle precedenti settimane, o mesi, lui potrebbe aver capito che ti stavi allontanando. In genere, non si passa dall'amore all'indifferenza in pochi giorni. Per cui, lui potrebbe già presagire che la rottura sta arrivando.

Il tuo compito non è quello di proteggere la persona. Non devi reprimere le tue emozioni. Lasciale uscire. Fai sapere alla persona che hai davanti come ti senti per come è e per quello che ha fatto. Se c'è della negatività che stai trattenendo dentro, lasciala uscire. Anche se è troppo tardi per sistemare le cose, il tuo partner può capire che le sue azioni hanno portato alla fine della vostra relazione.

. . .

Per quanto riguarda come vuoi dirgli tutto, puoi scegliere il modo migliore per te. Potrebbe essere di persona, per vedere il modo in cui reagisce. Potrebbe essere anche via mail o per lettera, scritte una settimana o due prima della rottura, in modo da darti il tempo di prendere le distanze tra voi due. Per te sarà più facile lasciarlo andare se non ti censuri ed esprimi i tuoi sentimenti.

Senza una giusta chiusura, finisci in un limbo in cui le cose non sono chiare. Dire una cosa come "ho bisogno di tempo per pensare" è un buon modo per ottenere dello spazio dalla persona, ma non porta a una chiusura perché non c'è niente di definitivo in quello che hai detto. Ti permette di lasciare una porta aperta per poter tornare da lui. Potrebbe anche indurlo a pensare di poter aspettare fino a che non avrai avuto il tempo di riflettere.

Come puoi aspettarti di chiudere se non hai messo davvero fine al rapporto? Lui di certo non può voltare pagina se questo è quello che gli hai detto. Rimarrà ad aspettarti. Potrebbe anche chiamarti e rimanere in contatto con te periodicamente per vedere se hai avuto abbastanza tempo per pensare. Questo vuol dire solo rimandare l'inevitabile. Non dovresti chiedere tempo per pensare, per poi dirgli che lo vuoi lasciare.

Sii diretta.

L'unico modo per assicurarsi di ottenere la chiusura di cui hai bisogno è essere diretta. Tutto il resto rende difficile a entrambi realizzare che è finita davvero.

. . .

Un'altra cosa che devi capire è che entrambi siete umani. Sono molte le cose che potresti aspettarti dal tuo ex per chiudere definitivamente. Tanto per cominciare, molte di queste cose potrebbero derivare dal motivo per cui stai rompendo. Potrebbe averti tradita. Potrebbe essere stato violento. Potrebbe averti trascurata. Potrebbe essere stato narcisista. In qualunque modo si comporta, o si è comportato, non deve più preoccuparti perché hai scelto di porre fine alla vostra relazione.

Non aspettarti delle scuse da lui.

Il tuo ex potrebbe non essere capace di scusarsi. Potrebbe non vederci nulla di sbagliato in quello che ha fatto. Se vuoi delle scuse da lui per poter andare avanti, non riuscirai mai a chiudere. Questo significa che devi essere pronta ad andare avanti senza le scuse.

Esiste anche la possibilità che non si renda conto di aver fatto qualcosa di sbagliato. Quando rompi con lui, potrebbe rimanerci male o arrabbiarsi perché non sa il perché lo stai lasciando. Puoi semplicemente identificare il "perché" rapidamente e andare avanti. Poiché esiste la possibilità che tu non riceva alcuna scusa, neanche tu sei tenuta a scusarti.

Preparati a contrattare.

Tu vorresti chiudere, ma lui potrebbe non essere pronto. È qui che devi dimostrare la tua capacità di contrattazione perché ciò avvenga. Lui potrebbe dire cose come "posso cambiare" o "dammi un'altra possibilità". Se ti sei impegnata davvero nella crescita della vostra relazione, hai già aspettato che cambiasse e gli hai già dato molte seconde possibilità.

Non sprecare il tuo tempo. Non permettergli di farti cambiare idea. C'è una ragione se stai rompendo con lui. Ripensa al tuo "perché" e lascialo agire sulla tua mente. Sii risoluta. Vuoi che la rottura avvenga, per cui avverrà.

Aspettati della rabbia.

In particolare, quando gli dirai perché vuoi rompere e che lo vuoi fare per colpa sua, aspettati che si arrabbi. Potrebbe rigirare su di te alcune delle sue colpe. Potrebbe anche decidere di dirti tutto quello che hai sbagliato nella relazione. Non permettere che questo ti faccia perdere il punto. Non ti arrabbiare per questo.

La relazione sta finendo. Non c'è niente che tu possa fare ora. Discutere con lui ritarderà solo la rottura e ti farà infuriare per nulla. Se lui davvero pensa quelle cose su di te, è un bene che vi stiate lasciando. Proprio come tu hai bisogno di dirgli tutto quello che pensi, lascia che lo faccia anche lui. Anche se può essere doloroso, lasciagli quei pochi momenti per arrabbiarsi, fintanto che non diventi violento fisicamente.

Se la rabbia si protrae eccessivamente, chiudila lì. Ricordagli che ha il diritto di arrabbiarsi, ma ciò non cambia il fatto che la relazione sta finendo. Qui sei tu ad avere il controllo della situazione. In quanto persona che sta lasciando, sarai tu a decidere per quanto tempo lo farai parlare. Digli di scrivere quello che prova in una lettera o mail. Non devi permettere a qualcuno di urlarti contro più a lungo di quanto tu possa sopportare.

Una volta affrontate le parole da dirgli, la contrattazione, la rabbia e lo scambio di vedute, dovresti riuscire a ottenere la chiusura del rapporto di cui hai bisogno.

Prendere una distanza emotiva

Devi prendere le distanze dalle emozioni che provavi per quella persona. Anche se non sei pronta a eliminare tutto ciò che lo riguarda, devi pensare ai vari aspetti della tua vita che ti ricordano lui.

Devi togliere le foto dalla bacheca. Devi eliminare o scaricare le foto di voi due insieme che hai sul telefono. Devi evitare per un po' i vostri posti preferiti. La rottura è fresca, per cui non ti servono altre cause scatenanti nella tua vita in questo momento. Devi elaborare tutti i tuoi sentimenti prima di esporti alle cose che ti legano emotivamente a lui.

Quando chiudi una relazione, assicurati di stabilire la distanza emotiva di cui hai bisogno in ogni aspetto della tua vita.

Inizia dai social media. Smetti di seguirlo su tutti i tuoi account. Non vuoi ricevere notifiche su dove si trova o con chi che ti causeranno rabbia. Se pensi che potresti finire per perseguitarlo online, vai oltre e bloccalo del tutto.

. . .

Pensa a dove va di solito. Anche se devi guidare fino all'altra parte della città per andare in un negozio di alimentari, in un ristorante o in un bar, durante le prime settimane potrebbe essere comunque più sano per te.

Informa i tuoi amici della rottura in modo che non parlino di lui, in particolare se i tuoi amici sono ancora suoi amici: non vuoi sapere da loro cosa fa o con chi si vede. Devi semplicemente far finta che lui sia sparito completamente dalla tua vita.

La distanza emotiva è fondamentale perché devi allontanare da te i ricordi fisici o mentali del periodo passato insieme. Più è nella tua vita, più è difficile per te andare avanti. Senza la distanza emotiva, avrai a che fare con cose come la depressione, l'ansia e persino la rabbia. Non hai bisogno di quel tipo di negatività nella tua vita. Ci sono molte cose che puoi fare per evitare tale negatività, ma devi lavorare per assicurarti di non essere suscettibile ad essa.

Devi assicurarti di avere uno spazio per respirare. Se senti di aver fatto un errore quando guardi le foto di quando eravate felici, ciò causerà solo un costante dubitare di te stessa. Se ti aiuta, riempi il tuo spazio con i ricordi del perché non ha funzionato. Prendi dei post-it e scrivici tutte le sue colpe. Ricorda a te stessa come ti faceva sentire e il "perché" insito dietro alla vostra rottura. Attacca i post-it sullo specchio, sopra il letto, e persino nel ripostiglio.

. . .

Ricorda che il dolore per averlo lontano è temporaneo. Più tempo passi senza cose che te lo ricordano, più facile sarà assumere un atteggiamento di distacco. Vedere le sue fotografie non sarà più così doloroso. Non ti si stringerà più lo stomaco quando sentirai pronunciare il suo nome.

Trova altre cose su cui concentrarti invece che pensare alla fine della vostra relazione. Riempi il telefono di selfie. Fai trekking e scatta foto della favolosa flora e fauna che incontri lungo il cammino. Riempi il tuo calendario serale con eventi in città in modo da rispettare il tuo programma senza bisogno di un uomo al tuo fianco.

La distanza emotiva è difficile da raggiungere, ma è un passo necessario quando vuoi lasciarlo andare e voltare pagina. Per ultima cosa, concediti di essere triste, ma non crogiolarti nei dettagli.

Dobbiamo essere disposti a lasciar andare la vita che abbiamo pianificato in modo da avere la vita che ci sta aspettando.

3

QUANDO LUI TI DICE ADDIO

Anche se vorresti essere tu quella che chiude la relazione, non sempre è così. Se è lui a rompere, tu perdi parte del controllo sulla situazione. Per te potrebbe essere più difficile voltare pagina, in particolare se lo fa in un modo per cui tu non riesci a ottenere le motivazioni per cui sta rompendo la relazione. Questo non vuol dire che per te sia impossibile andare avanti. Hai semplicemente bisogno di sapere come entrare nel giusto ordine di idee per andare avanti senza di lui.

Sia che lui rompa con te o semplicemente interrompa qualsiasi contatto, ha scelto di continuare la sua vita senza di te. È dura, ma è qualcosa che devi accettare perché non hai voce in capitolo.

Accettare le sue parole

Una rottura deve essere affrontata in modo maturo. Non

vuoi iniziare a piangere, discutere o urlare. Anche se potrebbe non piacerti tutto quello che ha da dirti, devi accettarlo.

Tutto quello che ti dice durante il discorso che si è preparato ti aiuterà a trovare la risposta di cui hai bisogno per andare avanti. Probabilmente ti dirà perché non può più stare con te. Il cliché "non sei tu, sono io" non è quello che vuoi sentirti dire. Se non ti dà una risposta abbastanza buona, chiedigli il vero motivo per cui la vostra relazione sta finendo. Spesso sei tu il problema. Anche se tecnicamente puoi non aver fatto nulla di sbagliato, c'è una ragione per cui lui sta rompendo con te. Lui non vuole avere una relazione con te. Forse c'è un'altra donna, forse no. Comunque sia, devi renderti conto che è possibile che lui non voglia più stare con te. Devi racimolare ogni grammo di rispetto per te stessa e accettarlo.

Ci sono due modi in cui può andare una rottura.

Sapevi che stava per arrivare.

Potresti aver presagito che la relazione era spacciata. L'unica differenza sta nel fatto che è lui ad aver rotto per primo. Piuttosto che discutere con lui o arrabbiarti perché è stato lui il primo a prendere l'iniziativa, dimostragli che sei in grado di comportarti in modo maturo. Dagli ragione. Accetta il fatto che lui ha notato le stesse problematiche che avevi notato tu. In questo modo c'è una possibilità per entrambi di andare avanti più velocemente dopo la relazione. Arrabbiarsi perché è stato lui a rompere e non tu, ti causerà solo ulteriori sofferenze. Accetta la rottura, visto che sapevi che la relazione avrebbe comunque seguito quel corso.

. . .

Non avevi idea che potesse accadere.

Sfortunatamente, ci sono rotture che arrivato inaspettate. “Cosa vuol dire che è tutto finito?”, “Pensavo fossimo felici insieme?” queste sono le domande che probabilmente vorresti urlargli in faccia, ma non porterebbe a nulla di buono. Accetta il fatto che ti stia dicendo che è finita in modo da poter voltare pagina senza di lui. Tu vorresti avere una relazione, ma è una cosa buona solo se anche il tuo uomo lo vuole. Devi amare te stessa più di quanto tu possa volere una relazione a senso unico. Ricordatelo.

L’accettazione è il primo passo per affrontare una rottura. Anche se è un peccato che non sia tu a gestire i dettagli, ora devi affrontare la realtà. Se non siete più una coppia, sei da sola. Anche se erano mesi o anni che stavate insieme, ora sei single. Lui non è interessato a stare con te. Questo va bene, anche se non ti sembra una buona cosa in questo momento. C’è un lato positivo in questa situazione: ti dà l’opportunità di trovare qualcuno che voglia stare con te.

Affrontare la scomparsa

La scomparsa, purtroppo, è uno scenario che può accadere. Hai una fantastica relazione. Poi, sperimenti il silenzio radio arrivato da non si sa dove. Anche se potrebbe succedere all’inizio di un rapporto, prima ancora che abbiate avuto la possibilità di conoscervi veramente, può verificarsi anche dopo mesi e mesi di relazione.

La scomparsa sta diventando sempre più diffusa perché gli uomini, semplicemente, non vogliono affrontare la rottura. Come conseguenza, la saltano del tutto. È un modo immaturo di gestire una relazione perché hanno paura di quello che succederà.

Il problema più grande con la scomparsa è che permetti all'insicurezza di entrare nella tua testa. Ti domandi perché non eri abbastanza, cosa hai fatto di sbagliato e perché non sei degna di essere amata. Anche se non è facile, devi capire che non sei tu il problema. Non eri tu a non essere abbastanza. Lui si è comportato in modo immaturo. Non è stato capace di affrontare una relazione da adulto. È stata colpa sua se è finita, non tua.

Molte persone sono pigre nel frequentare qualcuno e questo porta a essere pigri anche nel rompere. È per questo che la scomparsa è diventata così comune. La buona notizia è che se il modo in cui il tuo partner affrontava la relazione era questo, è meglio finirla subito. Il che non rende la faccenda meno dolorosa, ma se non altro ti tira fuori da una situazione in cui probabilmente non saresti voluta rimanere a lungo andare.

Ci possono essere molte ragioni per cui una persona scompare. Forse il tuo partner non era capace di affrontare le emozioni che lo avrebbero portato a rompere con te faccia a faccia. Oppure, aveva una relazione o era sposato con qualcun altro e il suo partner stava per scoprirlo, quindi è scomparso per evitare di dover dare altre spiegazioni. Qualunque sia la motivazione, voleva essere lui a rompere per primo.

Prendilo come un complimento. Molte persone che "abbandonano" sono insicure. Hanno paura di essere rifiutate, per cui lo fanno loro per prime. Potrebbero non essere in grado di comunicare in modo aperto. Potrebbero non sentirsi a proprio agio con le proprie emozioni.

Sii felice di essere uscita dalla relazione. Non prendere sul personale il fatto che sia sparito. Accetta il fatto che lui non andava bene per te e vai avanti. Anche se è un peccato per te non poter parlare con lui della sua decisione e dei suoi sentimenti, è ovvio che non è abbastanza maturo da avere una relazione con te, e nemmeno con qualcun altro.

Sapere di non potergli far cambiare idea

Non c'è niente che possa fargli cambiare idea. Né devi essere tu a fargliela cambiare. Proprio come vorresti che lui rispettasse la tua decisione, così devi essere disposta a fare lo stesso. Pregandolo di riprenderti, ti metteresti solo in imbarazzo.

Una relazione forte si basa su molti fattori diversi. La chimica è un fattore importante. Anche se puoi sentire un'attrazione chimica, lui potrebbe non sentirla. Anche se questo può essere difficile da accettare, devi essere disposta a farlo. Se non c'è chimica per entrambi è meglio capirlo subito e andare avanti. Altrimenti, più a lungo si protrarrà la situazione, più male farà, perché alla fine finirà.

Anche se forse sei stata presa alla sprovvista dalla rottura, non c'è niente che tu possa fare ora che la verità è là fuori. Può darsi che tu sia in grado di affrontare la ragione per rompere che lui ti ha dato. Ma se non te l'ha data, sappi che ha i suoi motivi, indipendentemente che tu stia ad ascoltarli o meno.

. . .

Potrebbe essere interessato a qualcun altro. Potrebbe non avere il tempo per impegnarsi. Potrebbe doversi trasferire dall'altra parte del paese. Potrebbe semplicemente non essere preso da te. Qualunque sia la ragione, non perdere tempo a cercare di fargli cambiare idea. Lui ti ha già detto tutto quello che hai bisogno di sapere: non è interessato a continuare la relazione con te. Accettalo.

Se ti disperi e gli chiedi di riprenderti con sé, sembrerai debole. Potresti anche riuscirci, ma è solo una cosa temporanea. Fargli cambiare idea non vuol dire fargliela cambiare davvero. Vuol dire solo rimandare l'inevitabile. Lui ti ha detto che vuole lasciarti. Fargli cambiare idea è solo un modo meno imbarazzante di rompere. Ti riprenderà con sé, ma solo per un breve periodo di tempo. Non avrebbe rotto se fosse stato realmente interessato e avesse visto un futuro insieme. Piuttosto che passare per una rottura una seconda volta, accetta che se ne vada.

Più complichi le cose, più difficile sarà la situazione. Se voleva stare con te, avrebbe trovato il modo di superare gli ostacoli. Per questo non devi permettere che le motivazioni che ti dà vengano usate per fargli cambiare idea. Non funziona, e non devi volere che funzioni. Non serve a niente cercare di stare con qualcuno che non vuole stare con te.

Non fare scenate

Il modo in cui affronti una rottura dice molto sul tuo carattere. Può anche comunicare alle persone intorno a te il tuo livello di maturità. Se lui decide di rompere con te in un luogo pubblico, ricordati di questo. Qualcuno che ha messo gli occhi su di te potrebbe vederti. Se piangi, lanci cose o urli, la persona interessata potrebbe scappare, perché ti vedrebbe come un'instabile.

Tutto quello che riguarda una rottura deve essere affrontato in modo maturo, anche se lui non la vede in questo modo. Se lui è immaturo, non puoi fare niente riguardo il suo comportamento. Concentrati sul modo in cui tu affronti l'intera situazione.

Se siete in una zona tranquilla, che sia casa sua o casa tua, sii matura. Vai via quando vuoi andare via o caccia via lui quando hai sentito abbastanza. Non devi rimanere per più tempo di quanto sia necessario, specialmente se lui non si sta comportando in maniera rispettosa. Se vuole elencarti ogni singola cosa che ha sempre odiato di te, prendi il controllo della situazione. Non c'è bisogno di ascoltare le sue cattiverie. Puoi decidere quanto ascoltare.

Se vivete insieme, tieni presente che dovrai portarti via tutto. Se vai in escandescenze e ti comporti in modo immaturo, lui potrebbe decidere di vendicarsi sui tuoi effetti personali. Prova a parlare di queste cose in modo da capire entro quando devi portare via tutto. Altrimenti, potresti ritrovarti con tutti i tuoi oggetti impacchettati sul marciapiede prima di avere la possibilità di riflettere sul fatto che sia finita.

L'obiettivo è sempre affrontare la rottura nel modo più maturo possibile. Anche se è stato lui a lasciarti, hai ancora il controllo su come affrontare le conseguenze. Tieni a bada i tuoi sentimenti e parla di come gestire il tutto ora che non state più insieme.

Mantra su come togliertelo dalla testa

Potresti non voler rompere la relazione, tuttavia, non sei tu a prendere la decisione. Ora devi essere pronta ad andare avanti, una volta che lui ti ha detto addio e ti ha lasciata. Ci sono alcuni mantra che puoi recitare tra te e te, o a voce alta, che ti aiuteranno a prepararti mentalmente.

- Non voglio stare con un uomo che non vuole stare con me
- Lui non apprezzava quello che aveva con me
- Il mio destino è lì che mi aspetta
- Merito di essere amata da un uomo che mi rispetti
- Non c'è motivo per rimanere con un uomo che non è innamorato di me

Usando un paio di mantra puoi entrare in uno stato mentale migliore per la rottura. Anche se potrebbe volerci del tempo per riprendersi da tutto quello che ha detto, andare avanti è la cosa più sana per te. Potrebbe essere necessario ricordarlo a te stessa di tanto in tanto in modo da riuscire a superare il fatto che ti ha lasciata.

Non puoi iniziare il prossimo capitolo della tua vita se continui a rileggere l'ultimo.

4

CREARE LA PROPRIA TRIBÙ

Al momento potresti sentirti persa: non hai più una relazione, è finita. Ora devi ricordarti com'è essere single. Potrebbero essere passati mesi o anni dall'ultima volta che sei stata single. Potresti anche sentirti sola, sconvolta o semplicemente incapace di andare avanti.

È questo il momento in cui è difficile costruirsi una tribù. Hai bisogno di persone che ti supportino per superare la rottura. A prescindere da come ti sei lasciata con il tuo ex, hai bisogno di una tribù che si impegni ad aiutarti a lasciarlo andare in modo da essere libera una volta per tutte.

La tua tribù di amici

Dietro ogni grande donna c'è un gruppo di persone che le danno supporto. Quando stai affrontando una rottura, a prescindere da chi l'abbia voluta, hai bisogno di una tribù di persone che sia lì per te.

. . .

Ci sono vari motivi per cui hai bisogno di persone accanto a te:

- Complicità
- Supporto
- Guida
- Divertimento

Non devi affrontare i giorni e le settimane dopo la rottura da sola. Se non hai nessuno che agisca come tua bussola morale, è probabile che tu prenda il telefono per chiamare il tuo ex. È probabile che tu gli scriva, che pubblichi dei post sulla sua pagina Facebook o che tu faccia qualcos'altro per dimostrargli che vuoi tornare con lui.

Costruirti la tua tribù potrebbe essere meno facile di quello che pensi. Devi essere sicura di includere alcune persone che facciano parte della tua cerchia più intima. Persone a cui confidi ogni dettaglio succoso della tua vita. Possono essere amici maschi, femmine e persino membri della famiglia.

Fai sapere alla tua tribù cosa è successo.

Se vuoi che la tua tribù ti aiuti in questo momento difficile, deve sapere tutto quello che è successo. Comunica ai suoi membri il tuo "perché" della rottura. Poi, assicurati di fargli sapere come è andata. Ci sono state lacrime? Trattative? Rabbia? Racconta i dettagli in modo che possano provare la sensazione di essere stati presenti quando hai fatto il tuo discorso per rompere.

. . .

Ci sono alcune motivazioni per cui dovresti far sapere tutto alla tua tribù.

Per prima cosa, devono conoscere il tuo "perché" in modo da potertelo ricordare. Se hai un attimo di cedimento, possono richiamarti alla mente perché vuoi che il tuo ex rimanga tale.

Secondo, possono ricordarti quanto sei stata forte durante la rottura o come il tuo ex ha cercato di scaricare tutta la colpa su di te. Quando inizi a prendere una certa distanza dalla rottura, puoi dimenticare quanto sia stata brutta. La tua tribù sarà lì per farti ragionare.

Terzo, la tua tribù sa come tirarti fuori dalla depressione. Potresti passare vari stadi in cui ti sentirai depressa, sola o arrabbiata. La tua tribù saprà che cosa hai passato. Visto che ti sono più vicini di chiunque altro, sapranno cosa dire per tirarti su. Comunque sia, non possono farlo se non conoscono ogni singolo dettaglio.

La complicità è la chiave.

La complicità che ottieni dalla tua tribù ti può aiutare in modi che ancora non riesci a immaginare. Hai bisogno di qualcosa di più della semplice amicizia. Hai bisogno di una confraternita. Le persone nella tua tribù ti possono raccontare le loro esperienze sul lasciarsi e andare avanti. Puoi imparare dai loro errori. Puoi assicurarti di non sentirti così sola.

. . .

Se nella tua tribù non c'è nessuno che è passato per una rottura e ha dovuto lasciar andare qualcuno nella propria vita, non otterrai la complicità di cui hai bisogno. Per questo è necessario che selezioni con attenzione la tua tribù. Assicurati di avere molto in comune con queste persone in modo che possano aiutarti in quello che stai passando.

Il supporto ti dà conforto.

La tua tribù sarà la coperta calda di cui hai bisogno, in special modo subito dopo la rottura. Hai fatto qualcosa di coraggioso scegliendo di cancellare dalla tua vita qualcuno che amavi, ed è stato difficile. Ora ti senti vulnerabile. Il supporto che puoi ottenere dalla tua tribù può scaldarti il cuore e rassicurarti sul fatto che era la cosa giusta da fare.

Il supporto arriva in diverse forme. Qualcuno della tua tribù potrebbe prepararti dei biscotti o delle torte. Un'altra persona potrebbe venire da te per guardare insieme degli sdolcinati film romantici. Qualcun altro potrebbe sedersi davanti a una tazza di caffè e darti la possibilità di piangere tutte le lacrime che hai.

Avendo più persone nella tua tribù puoi avere il supporto di cui hai bisogno quando e dove ne hai bisogno. Le persone della tua tribù possono persino parlare tra loro per decidere chi viene da te e quando. Questo ti garantisce di ottenere ciò di cui hai bisogno senza doverlo chiedere.

. . .

Una guida ti aiuta ad andare avanti.

Non devi avere tutte le risposte. Ci saranno momenti in cui dovrai rivolgerti alla tua tribù. I suoi membri possono essere i tuoi confidenti. Possono anche dirti cosa devi fare quando ti senti insicura.

Potresti non sapere cosa fare ora che non sei più in una relazione. Parla con la tua tribù. Fatti guidare dalle loro esperienze passate in modo da sentirti un po' meno persa. Potrebbero aiutarti mostrandoti come si sono comportati loro, o dandoti dei consigli basati sul fatto che ti conoscono bene.

Potresti aver bisogno di parlare con qualcuno dei sentimenti che stai provando. Perché continui a piangere per il tuo ex? Quando potrai tornare a frequentare uno dei vostri posti preferiti? Quando va bene ricominciare a uscire con qualcuno? Anche se la tua tribù non è in grado di rispondere a tutte le domande, ti può aiutare in molti modi. Parlare con gli amici stretti può essere molto terapeutico. A volte, non si tratta nemmeno di avere una guida, ma piuttosto di avere una terapia. Hai bisogno di avere qualcuno con cui poter parlare di tutto.

Esternare la tua sofferenza ha un effetto simile al tenere un diario, ma ti consente di ascoltarti ad alta voce. Ti fornisce anche quella complicità che ti serve per ricordarti che non sei sola. Non sei l'unica persona ad aver dovuto rompere con qualcuno e andare avanti. È dura, ma è più facile affrontare il tutto sapendo di avere l'amore e il supporto della tua tribù.

. . .

Visto che la tua tribù ti conosce bene, la sua guida può rivelarsi quella più giusta. Forse i suoi membri sapranno dirti quello che dovresti fare più di chiunque altro, perché sanno chi sei e cosa stai pensando. Possono essere quelli che ti fanno uscire dalla tua testa. Se ti rendi conto che la tua tribù non ti può fornire la guida di cui hai bisogno, c'è sempre la possibilità di lavorare con un terapeuta.

Il divertimento ti aiuterà a dimenticare.

È facile perdersi dentro la propria testa quando si affronta una rottura. Potresti continuare a pensare a tutte le altre cose che avresti potuto dirgli, a come farai ad andare avanti, all'errore che hai commesso e al fatto che vuoi tornare con lui. La cosa migliore da fare è distrarsi con degli svaghi. Altrimenti, continuerai a rimanere bloccata nella tua mente diventando pazza.

La tribù sarà lì per farti distrarre, anche quando non vuoi. Ci sarà sempre quell'amico che ti trascina in un locale, nonostante tu gli abbia ripetuto all'infinito di non voler andare. Questo è il genere di amici di cui hai bisogno nella tua tribù, perché loro sanno come farti uscire dalla tua testa.

È positivo anche avere delle persone che ti facciano uscire dalla tua zona di comfort. Magari qualcuno della tua tribù ha un passatempo di cui non sei a conoscenza o che non hai mai condiviso con lui. Ti può introdurre a qualcosa di diverso, e questo è esattamente ciò di cui hai bisogno in questo momento.

. . .

Le rotture sono difficili. Comunque sia, se riuscissi a liberarti della tua mente il tempo necessario per dimenticartene per un paio d'ore, sarebbe una gran cosa. Inizieresti, così, a distaccarti dalla separazione, permettendo a pensieri più felici di riempirti la testa.

La tua tribù di professionisti

Non c'è ragione per cui tu non possa espandere la tua tribù includendo altre persone che possano aiutarti, in un modo o nell'altro. I professionisti ti possono fornire il supporto mentale ed emotivo che la tua tribù potrebbe non essere in grado di darti.

Non dovresti provare disagio nel chiedere aiuto. Nel mondo di oggi molte persone si sentono deboli all'idea di chiedere aiuto a un professionista, che sia un prete, un terapista o qualcun altro. Non sentirti debole. Hai bisogno di tempo per rimetterti in sesto. E la guarigione dovrebbe avvenire in qualsiasi modo tu possa ottenerla.

Puoi decidere di rivolgerti a tutti i professionisti che desideri:

- Preti o figure religiose
- Consulenti per la salute mentale
- Terapisti di coppia
- Insegnanti di yoga

Se sei una persona religiosa, rivolgiti a un prete o a un pastore.

La consulenza basata sulla fede può aiutarti a capire che la tua vita ha uno scopo. Se hai bisogno di rinnovare la tua fede, o semplicemente ascoltare ciò che un uomo di Dio ha da dire sulla tua rottura, puoi fissare un appuntamento con il tuo sacerdote o pastore. Potresti anche andare a messa per poter ascoltare la parola di Dio. Spesso, gli insegnamenti del giorno ti aiuteranno a sentirti più in pace con le tue decisioni.

A seconda della chiesa da te frequentata, potrebbe esserti d'aiuto seguire un gruppo. Questo ti permette di passare del tempo con altre persone che hanno le tue stesse credenze. Loro possono mostrarti che c'è uno scopo divino per te. Ti aiuteranno a ritrovare la strada della tua fede e ti mostreranno che non c'è alcun bisogno di vivere nel passato. In particolare, se stavi con qualcuno che non aveva la tua stessa fede, questo potrebbe essere un buon modo per considerare come positiva la vostra separazione.

Se ti senti depressa prendi un appuntamento con un consulente per la salute mentale.

Un consulente per la salute mentale ti può aiutare quando soffri di ansia o depressione. Ognuno metabolizza le rotture in modo diverso. Se senti un peso costante sul petto o se piangi per ogni sciocchezza, potrebbe essere il momento di accettare che hai bisogno di un ulteriore aiuto.

. . .

Appuntamenti settimanali o bisettimanali con un consulente per la salute mentale possono essere un'ottima opportunità per te. È l'occasione per parlare con qualcuno di quello che stai passando. Puoi anche imparare meccanismi di difesa che ti aiutino a superare l'ansia o la depressione.

Inoltre, un consulente per la salute mentale può consigliarti di vedere uno psicologo o uno psicoterapeuta, se pensa che ti possa essere di ulteriore aiuto, o di prendere dei medicinali.

Quando devi tornare a imboccare la strada del benessere mentale, questo può essere un buon percorso. Non dovresti sentirti distrutta per colpa della persona con cui stavi. Se non riesci a superare la rottura da sola, ci sono dei professionisti con una laurea che possono darti saggi consigli.

Se vuoi assicurarti di non commettere errori nella prossima relazione, vai da un terapista di coppia.

I terapisti di coppia sono in grado di aiutarti in altri modi. A differenza di un consulente per la salute mentale, loro si focalizzano su di te e sulla tua relazione, e non tanto sulla tua condizione mentale. Se stai lottando per ritrovare di nuovo te stessa, un terapista di coppia può aiutarti a farti tornare in carreggiata.

È un malinteso comune credere che i terapisti o consulenti di coppia siano solo per coloro che hanno una relazione. Questo non è vero. Puoi affidarti a un terapista per aiutarti a cambiare il tuo modo di pensare. Se associ la tua rottura a qualcosa di negativo, questo può avere un impatto su tutte le tue relazioni future. Potresti dover ripensare il modo in cui vedi le relazioni così da poter voltare pagina.

La relazione può essere finita per colpa tua, colpa sua o per colpa di entrambi. In ogni caso, il terapista è un orecchio empatico con cui parlare della fine della relazione. Inoltre, può porti domande che ti consentano di esplorare la relazione da angolazioni diverse.

Con l'aiuto di un terapista puoi riprenderti. Puoi imparare di più su chi sei, cosa pretendi da una relazione e perché meriti di essere felice in qualunque rapporto tu scelga di avere. Questo genere di informazioni può rivelarsi impagabile, ed è per questo che è importante allargare la tua tribù oltre gli amici, ogni tanto.

Se hai bisogno di sentirti più in pace con te stessa, fai un corso di yoga.

Lo yoga ti può dare una serie di benefici. Oltre all'elasticità e alla riduzione della tensione muscolare, può offrire anche benefici mentali. Il primo e ovvio motivo per fare un corso di yoga dopo una rottura è alleviare lo stress. Soprattutto nei giorni successivi alla rottura, hai un sacco di tensione che pervade il tuo corpo. Ascoltare il tuo respiro e seguire le posizioni indicate dal maestro può rendere più facile rilassarsi.

. . .

Devi trovare diversi modi per uscire dalla tua testa. Un maestro di yoga può individuare la tua tensione e aiutarti. Concentrarsi sul proprio respiro è una delle prime cose che impari nello yoga. Ti permette di affinare la tua attenzione e concentrazione. Può rivelarsi un ottimo strumento di meditazione per poter uscire dalla tua mente.

Frequenta tutte le lezioni di yoga che vuoi. Ci può volere del tempo per trovare il giusto insegnante di yoga, per cui non sentirti obbligata a rimanere con il primo che trovi. Una volta acquisita la consapevolezza che lo yoga può avere un effetto positivo sul tuo benessere mentale, potresti scoprire di voler proseguire le lezioni anche dopo aver imparato a lasciar andare il tuo ex.

La tua tribù può essere composta da chi vuoi tu.

Ovviamente ci sono tante altre persone che puoi invitare a far parte della tua tribù. L'importante è che non cerchi di fare tutto da sola. Puoi creare la combinazione vincente che va bene per te. Permettendo alle persone di aiutarti, non devi affrontare tutta l'angoscia mentale da sola. Molti dei tuoi amici saranno disposti ad accollarsi parte del tuo dolore, se glielo permetti. Quando senti che i tuoi amici non bastano per affrontare alcuni dei tuoi pensieri, permetti anche a un professionista di aiutarti.

Una volta costruita la tua tribù, puoi iniziare a guarire in modo più efficace. La tua tribù può stare con te per tutto il tempo di cui hai bisogno. Potresti scoprire che è così d'aiuto da volerla accanto per sempre. Potrebbe essere un buon modo per assicurarti, in futuro, di non cadere in depressione o in un'altra relazione problematica.

Mantra per creare la tua tribù

Il mantra è qualcosa che può aiutarti a concentrarti su quanto c'è di buono nella tua vita. In questo caso particolare, puoi ripetere i mantra come modo per aiutarti a costruire la giusta tribù quando stai cercando di lasciar andare le cose.

Mantra per guidarti:

- Nella vita non c'è niente di più prezioso dell'amicizia
- Gli amici non hanno bisogno di essere impressionati
- Nell'amicizia non ci sono condizioni
- I buoni amici riescono a comunicare senza bisogno di parole
- Un buon amico è lì per te nei periodi turbolenti

È importante avere dei mantra da recitare a te stessa di volta in volta. Essi hanno lo scopo di dirti che va bene fare affidamento sugli amici. Quando saranno questi ultimi a passare un periodo difficile, anche tu sarai lì per loro.

I veri amici faranno sempre parte della tua tribù. I mantra possono ricordarti che è giusto lasciare che facciano delle cose per te. Se non permetti agli amici di essere lì per te, potrebbe essere impossibile voltare pagina. Non ci sono vincoli quando si tratta dell'amore, del sostegno e della guida che ricevi dalla tua tribù. Lascia che i tuoi amici siano lì per te. Lascia che ti curino. Un giorno avrai l'opportunità di restituire il favore quando saranno loro ad avere bisogno di guarire.

Se qualcuno ti rende infelice più di quanto ti renda felice, non importa quanto lo ami, devi lasciarlo andare.

5

PRENDERSI DEL TEMPO PER SE STESSI

Ora che il tuo ex è uscito dalla tua vita, è rimasto un enorme buco laddove non c'è più il tempo da passare con lui. Invece che lasciarlo aperto così da sentire il vuoto, devi riempire quel buco con il "tuo" tempo. Creare del tempo per te stessa è un importante elemento della cura di sé. Ti permetterà anche di innamorarti di nuovo.

Se sei stata con il tuo ex per molto tempo, è altamente probabile che ti sia dimenticata chi sei senza di lui. Devi ricordare a te stessa chi sei, cosa ti va di fare ora che lui non è più nel tuo orizzonte. Uscire con te stessa potrebbe rivelarsi molto divertente. È anche il fattore che ti permetterà di lasciarlo andare una volta per sempre.

Sapere perché devi ritagliarti del tempo per te stessa è importante. Altrimenti andrai avanti con la tua settimana lavorativa e ti accorgerai di avere bisogno di tempo solo quando sarà ormai troppo tardi. Avere del tempo da dedicarti a intervalli regolari e in modo evidente ti assicura che ti stai prendendo cura di te stessa.

Se non sei mai stata abituata a stare con te stessa, il periodo che segue una rottura è il momento perfetto per iniziare. Non devi spendere molti soldi. Non hai bisogno neanche di molto tempo. Se il tempo è ben speso, può apportarti moltissimi benefici. Ci sono tante idee per assicurarti di essere in grado di guarire mentalmente.

Ricorda anche che c'è una grande differenza tra lo stare da soli e l'essere soli.

Perché il "tuo" tempo è importante

Il "tuo" tempo è il tratto distintivo della cura di sé. Troppe persone sono impegnate con il lavoro, gli amici e altre cose, al punto da dimenticarsi di pensare a loro stesse. Potresti essere così impegnata da non renderti neanche conto che non ti stai occupando di te stessa. È qualcosa di cui senti le madri lamentarsi di continuo. Sono così impegnate a comprare i vestiti per la famiglia da non fermarsi mai a pensare alle loro esigenze.

Ci sono due motivi per cui hai bisogno di tempo per te stessa. Il primo è assicurarsi che le tue esigenze più elementari vengano prese in considerazione. Il secondo è riconnetterti con te stessa e scoprire chi sei.

Prenderti cura di te stessa.

Magari ti stai prendendo cura delle cose basilari come lavarti i denti e vestirti, ma cosa stai facendo per curare te stessa? Quando ti sei concessa una soddisfazione peccaminosa solo per te? Che sia andare alla caffetteria per prendere il tuo cappuccino preferito o fare una settimana in crociera con le amiche, devi prenderti cura di te stessa dal punto di vista mentale e fisico.

Prenderti cura di te stessa ti dà la possibilità di riavviare il cervello. Puoi rilassarti, migliorare la concentrazione e ridurre parte dello stress che hai accumulato. In questo modo scoprirai che in realtà sei più produttiva perché in qualche occasione hai il tempo di rilassarti.

Appena inizierai a prenderti cura di te stessa dal punto di vista mentale, scoprirai di riuscire a risolvere meglio i problemi. Puoi anche migliorare la tua relazione. Quando sei in uno stato mentale migliore puoi essere un'amica migliore, una collega migliore e anche un capo migliore. In caso contrario, sarai così stressata da iniziare a rispondere male a chiunque, che tu ne sia consapevole o no.

Connettiti con te stessa.

Potresti pensare che nessuno ti conosca meglio di te stessa. Ma se sei stata con il tuo ex per tanto tempo, ti conosci meglio come parte di una coppia. Ora che l'altra tua parte non c'è più, potresti sentirti un po' persa. Prenderti il "tuo" tempo ti dà lo spazio per la scoperta di te stessa.

Se non sai chi sei, è difficile per chiunque altro conoscerti. Il tempo che passi a fare qualsiasi attività tu voglia, ti permetterà di entrare più in contatto con i tuoi pensieri. Puoi decidere cosa ti piace e cosa no. Potresti decidere di volere un hobby, e senza nessuno nella tua vita che ti dice che non puoi, o che monopolizza il tuo tempo, puoi fare quello che vuoi.

Connettersi con se stessi vuol dire scoprirsi. Puoi stabilire se sei felice con te stessa o se ci sono cose su cui vuoi lavorare: che sia costruire la tua autostima, migliorare il tuo aspetto o anche diventare più schietta.

Quando scopri chi sei, diventa più facile uscire con te stessa. Quando vuoi uscire a fare qualcosa devi essere a tuo agio nello stare da sola. Se non ti senti a tuo agio, rimarrai sempre attaccata a quello che avevi con il tuo ex. Ora che se n'è andato, ci sei solo tu, e questo dovrebbe starti bene.

Puoi stare da sola senza sentirti sola. È davvero importante che tu comprenda pienamente la differenza tra lo stare da soli e l'essere soli. Quando imparerai a passare del tempo con te stessa, forse sarai sola, ma siccome ti sentirai a tuo agio a stare da sola con i tuoi sentimenti, non ti sentirai sola.

Stare da soli può essere molto gratificante. Ti permette di sentirti ristorata mentalmente e spiritualmente. Devi solo assicurati di conoscere la differenza tra i due stati, in modo da capire quando inizi a sentirti sola. Assicurati di prenderti il tempo per dare un nome ai tuoi sentimenti quando inizi a sentirti sola nel periodo in cui sei da sola. Se realizzi che stai guardando la televisione invece di socializzare o stai iniziando a bere alcool da sola per dimenticare, forse stai entrando in depressione. Questo potrebbe essere il momento in cui rivolgerti a uno dei membri professionisti della tua tribù, come ad esempio un consulente per la salute mentale.

Impara a goderti il tuo tempo da sola in modo da sentirti vitale e attiva. Se stai combattendo con le insicurezze e la spossatezza, stai sbagliando qualcosa. Sfrutta il tuo status di single e sperimenta i modi in cui goderti davvero il tuo tempo da sola. Che tu sia introversa o estroversa, devi trovare il modo di stare con te stessa.

Uscire con se stessi

Uscire con se stessi può suonare come un concetto strano. Comunque sia, te lo meriti. Devi essere certa di concederti il tempo per uscire con te stessa regolarmente. Varie faccende domestiche, lavoro e impegni personali possono rendere difficile ricavarsi del tempo sulla propria tabella di marcia. Hai, però, bisogno di rivedere il tuo calendario per avere più momenti da dedicare a te stessa.

Ci sono vari modi per ricavarsi del tempo:

- Svegliarsi un po' prima
- Staccarsi dagli apparecchi elettronici
- Chiudere la porta dell'ufficio
- Lasciare l'ufficio per la pausa pranzo
- Segnare un appuntamento con se stessi sul calendario

Non è sempre questione di quantità di tempo. Ma è sempre

questione di qualità del tempo. Anche trenta minuti possono rivelarsi un appuntamento di qualità, se ci lavori,come puoi anche sprecare un giorno intero per te stessa senza ottenere un tempo per "te" di qualità.

Potresti passare del tempo a fare sport o esercizi. Potresti passare del tempo socializzando con i tuoi amici. E ancora, potresti passare del tempo semplicemente seguendo il tuo programma televisivo preferito o guardando un film in pigiama.

Non c'è una risposta giusta o sbagliata per quello che si può definire accettabile come "mio" tempo. Il punto è ricavarsi del tempo e assicurarsi di sfruttarlo al massimo. Se sei felice e rilassata, stai dando al tuo corpo ciò di cui ha bisogno.

Durante il tuo appuntamento con te stessa impara ad apprezzarti. Sei tu quella che sta passando attraverso una rottura. Ci potranno essere demoni interiori di ogni tipo a raccontarti bugie. Devi affrontare questa battaglia da sola. Apprezzandoti di più puoi acquisire più forza. Permetti a te stessa di essere vulnerabile senza sprofondare. Apprezza tutte le cose positive che avvengono nella tua vita.

Tu hai il potere di controllare la tua felicità. Uscire con te stessa può rendere più facile conoscerti e renderti più felice. Se esci con te stessa e ti ami, puoi far avverare tutti i tuoi sogni.

Passare del tempo con te stessa può cambiarti la vita. Prima impari come fare, prima puoi capire cosa sia la felicità. Prendi l'iniziativa di uscire con te stessa in modo da non dover dipendere dalla compagnia di un uomo per essere felice. Anche dopo aver iniziato una nuova relazione, puoi continuare a passare del tempo con te stessa. Potrebbe essere uno dei modi più facili per tenere sotto controllo la tua felicità e assicurarti di essere in contatto con le tue vere emozioni.

Idee per il "tuo" tempo

Nel "tuo" tempo divertiti, così da lasciarti andare e ritrovare di nuovo te stessa. Non devi spendere una fortuna per avere del tempo da dedicare a te stessa. Sia che rimani in casa o esci, stai con gli amici o passi del tempo da sola, ci sono molte idee che ti aspettano là fuori.

Sii creativa con il "tuo" tempo. È una buona idea anche diversificare e provare cose nuove. Devi considerare il "tuo" tempo come un percorso verso la scoperta di te stessa. Se non provi cose nuove non potrai sapere se ti piacciono o meno. Questo è un altro ambito in cui puoi dipendere dalla tua tribù per qualche idea. Non devono venire con te. Tuttavia, potresti chiedere loro consigli perché ti conoscono molto bene. Anche se sembra folle, potrebbe essere qualcosa di cui alla fine ti innamori.

Un giorno alla spa

Sia che tu decida di farlo a casa o in una vera spa, rilassati e coccolati un po'. Puoi farti una manicure o una pedicure, o farti sciogliere le tensioni da un massaggiatore. Rilassa la tua pelle con una bella maschera per il viso e siediti. Puoi dimenticarti di tutte le preoccupazioni del mondo per alcune ore. Non preoccuparti di invitare un'amica. Stare sola ti consente di evitare qualsiasi conversazione spicciola.

. . .

Vai al cinema

Non c'è assolutamente niente di sbagliato nell'andare al cinema da soli. Potresti andare al primo spettacolo di una commedia romantica o allo spettacolo serale del film splatter più in voga. Qualsiasi tipo di film ti appassioni, compra un biglietto e un grosso pacchetto di popcorn. Stare seduta al cinema per due ore potrebbe essere il tipo di terapia di cui hai bisogno in questo momento.

Esci con gli amici

Quando sei coinvolta in una relazione le tue amicizie spesso ne risentono. Devi passare del tempo con "lui" ogni volta che sei libera. Se hai pensato ad alcuni dei tuoi amici, contattali. Probabilmente manchi a loro tanto quanto loro mancano a te. Vai a ballare o passa una serata tra ragazze seduta a bere vino e a spettegolare su quanto stia succedendo.

Frequenta un corso

Esci dalla tua zona di comfort e segui una lezione da qualche parte. Potresti seguire un corso d'arte o di ceramica. Oppure potresti fare un corso di cucina. Imparare una nuova abilità può essere un buon modo per toglierti dalla mente una persona specifica. Se ti piace veramente il corso potresti scoprire un nuovo hobby che può riempire il tuo tempo libero in modo da non sentirti troppo sola durante la settimana.

Vai in palestra

Se non sei più andata in palestra ora è il momento di rimediare. Puoi frequentare un corso o semplicemente metterti le cuffie e saltare su un tapis roulant. Bruciare calorie potrebbe farti sentire meglio con te stessa. Inoltre, rilasciando endorfine potresti sentirti più felice riguardo la tua vita. Questo tempo per te stessa puoi ricavarlo mentre vai al lavoro, nella pausa pranzo o anche sulla strada di ritorno a casa.

Vai a fare colazione

Concediti una colazione più lunga. Puoi farla sulla strada per il lavoro o nel tuo giorno libero. Prova un nuovo posto in città dove puoi assaggiare un delizioso caffè o qualche cosa di gustoso fuori dal menu. Sederti per un pasto da sola ti dà un po' di tempo per pensare mentre ti godi anche qualcosa di sostanzioso. Molte persone escono a mangiare da sole, quindi non sentirti assolutamente in imbarazzo nel chiedere un tavolo per uno.

Vai a un concerto

Se vuoi andare a un concerto non devi avere un appuntamento per farlo. Una volta che la musica comincia, sarai così assorbita dallo spettacolo che non ti importerà se c'è qualcuno accanto a te. Anche se non ci sono artisti che vengono nella tua zona, cerca di vedere se c'è un concerto nel parco vicino a cui vivi. Potrebbe essere una sagra in una fattoria, in un vigneto locale o altrove. Ti fa uscire di casa e ti fa distrarre per alcune ore.

Fai shopping fino allo sfinimento

Datti il permesso di spendere un po' di soldi. Vai nel tuo centro commerciale preferito e concediti alcune cose nuove. Potresti volere un nuovo pezzo d'arredo per dare un nuovo aspetto alla tua casa. Potresti anche volere un nuovo vestito o un paio di scarpe per farti sentire più te stessa. Non sottovalutare mai il potere della shopping terapia. Appena avrai un paio di buste nelle mani ti sentirai più sicura di te stessa.

Fai una piccola vacanza

Hai pensato a un posto fantastico da visitare? Sia che tu rimanga nelle vicinanze o esca dal paese, vai dove ti va di andare. Non hai nessuno a cui rendere conto o a cui chiedere, quindi prenota la vacanza senza farti problemi. Potresti saltare su un aereo per la prima destinazione che vedi in aeroporto o pianificare una crociera per single. Qualunque cosa tu scelga, scatta foto e divertiti a fare la turista.

Vai al museo

Puoi andare in un museo d'arte, di storia o delle scienze. Passa un paio d'ore a vagare per le sale e osservare l'esposizione. Impara qualcosa di nuovo. Prendi appunti. Scatta fotografie. Divertiti. Se ci sono delle conferenze o dei workshop in programma, assicurati di partecipare. Anche se sei stata al museo un migliaio di volte prima d'ora, fai finta di essere una turista. Potresti apprezzare in modo nuovo quello che il museo ha da offrire.

Vai a fare una camminata

Allaccia gli scarponcini da montagna, riempi un paio di bottiglie d'acqua e imbocca il sentiero. A seconda di dove vivi, potrebbero esserci dei parchi statali o nazionali nelle vicinanze. Potresti seguire un sentiero che richiede un pochino di scalata. Anche se non c'è un sentiero vero e proprio nelle vicinanze, trova un percorso divertente da fare a piedi. Godersi la vita all'aria aperta può essere un ottimo modo per distogliere l'attenzione da alcune cose. Inoltre, l'aria fresca ti farà bene ai polmoni. Scatta alcuni selfie lungo il percorso in modo da poter mostrare il tuo amore per la natura.

Cucina qualcosa di diverso dal solito

Prendi un nuovo libro di cucina e vai in cucina. Potresti cucinare un nuovo piatto, come uno stufato o un soufflé. E ancora, potresti cucinare qualcosa di fantastico al forno, come il pane fatto in casa o i biscotti al cioccolato. Quando passi del tempo da sola puoi affinare le tue capacità. Inoltre, quando hai finito avrai la possibilità di gustare quello che hai creato. È un'opportunità per imparare e viziarsi allo stesso tempo.

Leggi un bel libro

Potresti avere un libro che ti era stato consigliato che hai voglia di leggere. Dopo aver passato un po' di tempo da sola, puoi finalmente aprire il libro o caricarlo sul tuo e-reader. In entrambi i casi, immergerti in una storia può essere un modo meraviglioso di scordarti i tuoi problemi per un paio d'ore. Se non hai un libro nuovo, vai in libreria o in biblioteca a vedere quali titoli ti attraggono.

Scrivi un diario o fai un album di ricordi

Sia che ti piaccia scrivere o fare album di ricordi, dedica un po' di tempo a fare ciò che ti piace. Puoi scrivere qualche tuo pensiero su quello che ti è accaduto nelle settimane precedenti. Se non sei brava con le parole, prendi un album di ricordi. Riempilo di fotografie, ricette, opuscoli di viaggio e altre cose. Potrebbe renderti più facile ricordare alcune delle fantastiche cose che hai fatto. Inoltre, può farti evadere per un po' dalla realtà.

. . .

Finché impari a rilassarti e a stare bene con te stessa, non è importante quello che fai. Guarda con attenzione il tuo programma settimanale e ritagliati un sacco di tempo per "te". Ti servirà molto, non solo per andare avanti ma anche per assicurarti di mantenere una sana relazione con te stessa negli anni a venire.

MANTRA PER CREARE IL "TUO" TEMPO

I mantra possono essere usati quando hai bisogno di ricordare l'importanza di ritagliarti del tempo per "te". È facile lasciarsi distrarre dalla vita. Comunque sia, se hai del tempo per te stessa, sarai più felice.

Qui ci sono alcuni mantra che puoi ripetere a te stessa o scrivere su dei post-it:

- Mi sento stimolata dalla vita
- Sono sicura che del tempo per me stessa sia quello di cui ho bisogno
- Oggi ho tempo per concentrarmi su me stessa
- Il tempo passato con me stessa e solo con me stessa ha il potere di guarirmi
- Stare con me stessa mi permette di capire chi sono

Quando reciti questi mantra a bassa voce o ad alta voce, puoi focalizzare e mettere in risalto il motivo per cui hai periodicamente bisogno del "tuo" tempo.

"La ragione non urla, la ragione si siede e aspetta".

6

CREARE L'UOMO PERFETTO

A un certo punto, sarai pronta per andare avanti con la tua vita. Anche se non hai bisogno di un uomo per farlo, potresti volere qualcuno con cui condividere gli alti e bassi della vita. C'è un motivo se le cose sono finite con il tuo ex. Non era perfetto per te. Ora è il momento in cui ti puoi divertire a creare la tua idea di uomo perfetto.

Non devi concentrarti sull'aspetto fisico. Al contrario, concentrati su cosa rende tale l'uomo perfetto. Scava tra i vari aspetti della sua personalità, chi è, cosa rappresenta, e come ti fa sentire. Questo può rendere più facile capire meglio cosa stai cercando. Avrai meno probabilità di instaurare una relazione per sopperire alla solitudine, se individui alcune caratteristiche di base a cui non vuoi rinunciare.

Prenderti il tempo per creare l'uomo perfetto fa bene alla tua autostima. Stabilisce inoltre un punto di riferimento per assicurarti di non accettare nulla che non sia il meglio. Meriti di essere felice. Non c'è ragione di precipitarsi in una relazione, in special modo se sai che è quella sbagliata. Scava tra i vari aspetti di un uomo in modo da sapere con esattezza cosa cerchi.

Perché creare l'uomo perfetto?

Devi sapere che è possibile trovare di nuovo l'amore. L'ultima cosa che devi fare è intraprendere una relazione perché sei annoiata o sola. Conoscendo meglio l'aspetto del tuo uomo perfetto, inizi a definire una serie di aspettative. Non c'è motivo per cui ti debba sentire come se ti stessi accontentando.

Vali molto di più di quello che pensi. Se accetti sempre lo stato delle cose, ti ritroverai a rotazione in una condizione di infelicità. Non devi dare tutta te stessa in una relazione per cui non vale la pena. Se non sai quello che cerchi veramente in un uomo potresti non avere mai una relazione che valga la pena vivere.

Ognuno ha la propria idea di "perfetto". Puoi guardare alcuni degli uomini con cui le tue amiche stanno uscendo o sono sposate e chiederti che cosa diavolo ci abbiano trovato. Tuttavia, è probabilmente quello di cui loro hanno bisogno. Tu potresti avere ideali molto diversi. Non c'è niente di sbagliato nel tuo modo di sentirti. È una buona idea esaminare i vari aspetti che caratterizzano un uomo e decidere cosa vuoi. Almeno ti fa pensare di nuovo agli uomini in modo da poter lasciar andare quello che hai avuto e non guardarti indietro.

Aspetti emotivi

Ogni uomo è diverso in relazione a come condivide le emozioni. Potresti anche cercare qualcosa di diverso rispetto al tuo ex in termini di come vengono espresse le emozioni. Il tuo primo istinto potrebbe essere quello di cercare qualcosa di totalmente opposto rispetto al tuo ex. Comunque sia, assicurati che sia questo quello che vuoi davvero.

Guardare vari programmi televisivi e film può aiutarti a valutare le diverse opzioni disponibili, quando si tratta di vedere come gli uomini esprimono le loro emozioni. Potresti voler modellare il tuo "uomo perfetto" in base a un personaggio particolare.

Considera quanto è aperto o chiuso riguardo alle sue emozioni. Vuoi conoscere ogni piccolo dettaglio di quello che prova, o preferisci che tenga la maggior parte dei suoi sentimenti per sé? Certamente c'è sempre un equilibrio fra i due opposti. Potresti non voler sapere ogni singola emozione che prova in ogni istante. Ci potrebbe essere un tempo e un luogo per esprimere le emozioni.

Vuoi qualcuno che pianga facilmente quando è triste o sta vivendo un mare di emozioni? Ti senti a tuo agio con un uomo che piange sulla tua spalla? Queste sono cose su cui devi essere realistica.

Alcune persone vedono il pianto come una debolezza, mentre altre lo vedono come la capacità di esprimere davvero se stessi. Devi decidere come vedi il pianto, in modo da poterlo affrontare quando si presenta realmente.

. . .

Ci sono anche molte altre emozioni da esplorare. Come affronta la rabbia? Farà una scenata ogni volta che qualcosa non va per il verso giusto o lascerà perdere velocemente? Arrabbiarsi facilmente può essere un campanello d'allarme indicante che sotto c'è dell'altro. Probabilmente non vuoi avere una relazione con qualcuno che non sa gestire le proprie emozioni, soprattutto se si parla di rabbia.

L'amore è un'altra emozione che devi considerare, rispetto al modo in cui un uomo lo affronta. Se non riesci mai a capire se lui ti ama oppure no, questo diventerà un problema. Se non è lui per primo a dire "ti amo", potrebbe essere difficile andare avanti. Ma non vuoi neanche trovarti nella situazione in cui lui lo dice troppo presto e ti fa sentire sotto pressione perché ti senti obbligata a rimanere nella relazione per via dei suoi forti sentimenti.

C'è un equilibrio in ogni cosa. Molte emozioni sono positive, ma devi assicurarti che siano bilanciate nel modo giusto. Se una persona diventa troppo emotiva in una situazione che non lo richiede, potrebbe essere un segnale di avvertimento che quella persona non è mentalmente stabile come vorresti. Allo stesso modo, non emozionarsi abbastanza quando la situazione lo prevede può dimostrare che quella persona è tirata dal punto di vista emotivo, e questo potrebbe rendere difficoltoso connettersi veramente con lei.

Anche se stai semplicemente determinando quale tipo di componenti emotive desideri che il tuo uomo perfetto abbia, il punto è che devi cercare emozioni reali quando inizierai la tua prossima relazione. Il modo in cui un uomo reagisce a tutti i tipi di scenari può essere estremamente indicativo di come è possibile connettersi efficacemente con lui durante tutti gli alti e bassi della vita.

Disponibilità

La disponibilità è un concetto importante quando si esplora quello che si desidera nell'uomo perfetto. Mentre vuoi che sia emotivamente disponibile, vuoi anche capire quanto tempo pensi di trascorrere con lui. Se sei una persona a cui piace avere molti momenti da passare da sola, potresti non voler avere qualcuno sempre disponibile.

Alcuni uomini viaggiano molto per lavoro. Questo significa che possono passare più notti fuori casa ogni mese. Se sei una persona gelosa per natura, questo potrebbe mettere a dura prova la relazione. Oppure, se sei una persona impegnata e hai la tua vita, potresti non avere problemi con il fatto che è via.

Non c'è una risposta giusta o sbagliata quando si parla del tipo di disponibilità che stai cercando. Dipende molto dal tipo di linguaggio amoroso che parli. Se per te conta la qualità del tempo trascorso insieme, vorrai qualcuno che sia lì quando ne hai bisogno. Se parli il linguaggio dell'amore che prevede "affermazione di sé", "doni" o perfino "favori", il fatto che non sia sempre in circolazione potrebbe non essere un grosso problema.

Sii semplicemente onesta su quello che vuoi così da capire quando lo hai oppure no.

. . .

Orientamento professionale / Capacità di guadagno

L'orientamento professionale e la capacità di guadagno del tuo uomo perfetto devono essere presi in considerazione. Anche se non vuoi sembrare superficiale con cose di questo tipo, è un fattore che dovrai calcolare nella tua mente.

Pensala in questo modo: se il tuo progetto, un giorno, è avere dei bambini e poter fare la casalinga, vorrai un uomo dedito alla carriera. Deve avere una capacità di guadagno che ti permetta di rimanere a casa con i bambini continuando ad avere la vita che vuoi avere.

Se sei orientata alla carriera e guadagni abbastanza soldi, potrebbe non interessarti che il tuo uomo abbia o meno un'inclinazione simile alla tua. Potresti volere qualcuno che sia ambizioso quanto te o, al contrario, potresti cercare qualcuno che non sia orientato alla carriera come te, in modo da non doverti preoccupare di mettere da parte la tua carriera per via degli obiettivi che lui vuole raggiungere.

Ritorniamo alla questione dell'equilibrio, che sembra essere un tema ricorrente nei diversi tratti che caratterizzano l'uomo perfetto. Vuoi qualcuno che dia un equilibrio alla vita che hai e che, in definitiva, vuoi avere.

Sapere di più sul tipo di orientamento professionale che desideri nell'uomo perfetto, ti consente di essere più onesta con gli uomini quando entri di nuovo nell'arena degli appuntamenti.

. . .

Fede

La fede è qualcosa che puoi avere oppure no. Va bene, in entrambi i casi. Comunque sia, devi capire che tipo di fede vuoi che abbia il tuo uomo perfetto. Non essere sulla stessa lunghezza d'onda in questo ambito potrebbe diventare un problema in seguito. Quindi, anche se potrebbe non interessarti al momento una cosa del genere, è probabilmente meglio pensarci prima, piuttosto che aspettare.

Se tu hai una fede forte, indipendentemente dalle credenze o dalla religione, potresti volere qualcuno che la condivida. Se non la vedete allo stesso modo su queste cose, potrebbe essere difficile avere un compagno con cui parlare di argomenti importanti. Inoltre, non devi avere motivi di discussione con lui su argomenti come se andare o no in chiesa, battezzare i vostri figli o anche quali festività celebrare.

Puoi decidere che il tuo uomo perfetto sia qualcuno che non è affatto religioso. Puoi decidere che il tuo uomo perfetto sia qualcuno che va in chiesa tutte le domeniche. Potresti basarti su qualcuno che hai incontrato in passato. Sii onesta sull'importanza della tua fede in modo da poter dare priorità anche a questo nella tua prossima relazione.

Obiettivi nella vita

Quando chiudi gli occhi ti fai un'idea di come vorresti che fosse il tuo futuro. Questo include tutto ciò che va dall'età in cui vuoi sposarti a quanti figli vuoi avere (se ne vuoi avere). Anche se questo è solo uno scorcio della tua vita perfetta, è bene stabilire una serie di obiettivi in modo da sapere quello che vuoi qualora dovessi dire la tua a ogni passo del cammino.

. . .

Per realizzare la tua vita perfetta devi considerare gli obiettivi di vita del tuo uomo perfetto. Quanti anni dovrà avere? Quanti figli vorrà avere? Che tipo di lavoro farà? Puoi usare tutte queste cose per plasmare il tuo uomo perfetto. Il tuo "uomo perfetto" nella vita reale non possiederà tutte queste caratteristiche, ma è bene averle identificate in modo da capire se approssimativamente le possiede o no.

Personalità

Che tipo di personalità deve avere il tuo uomo perfetto? Sia che abbia un appuntamento con te o che si comporti in modo professionale sul lavoro, pensa al tipo di personalità che deve avere. Sarà autorevole e dominante? O gentile e rilassato?

Secondo gli psicologi ci sono cinque tratti principali che determinano la personalità di ognuno:

- Apertura
- Coscienziosità
- Estroversione
- Cordialità
- Instabilità emotiva

Varie esperienze passate potrebbero aver contribuito a plasmare la personalità che ha ora. In generale, lui è semplicemente quello che è. Non sarai in grado di cambiare gran parte della sua personalità, quindi è meglio decidere in anticipo quello che vuoi in termini di personalità e comportamento generale.

Quando si parla di apertura, alcune persone possono avere interessi ristretti ed essere molto concrete. Altre possono essere più fantasiose ed essere viste come non convenzionali. Devi decidere se stai cercando qualcuno disposto a essere aperto a sistemi morali e interessi alternativi o meno.

Per quanto riguarda la coscienziosità, alcune persone tendono a essere più rilassate e disinteressate e quindi si faranno trascinare dal momento. Altre persone sono organizzate, autodisciplinate e non arriveranno mai in ritardo a un appuntamento. Devi decidere se stai cercando qualcuno che sia spontaneo o estremamente orientato agli obiettivi.

L'estroversione si riferisce al fatto che una persona sia introversa o estroversa. Alcune persone possono preferire serate tranquille, mentre altre persone tendono a essere l'anima della festa, ovunque vadano. Questo è il caso in cui gli opposti si attraggono. Solo perché sei una persona introversa non vuol dire che devi scegliere una persona introversa come te. Se sei estroversa potresti voler scegliere un introverso in modo da trovare un equilibrio migliore. Devi solo stabilire se stai cercando qualcuno che preferisce passare serate tranquille o serate fuori.

La cordialità è un altro aspetto della personalità che devi indagare a fondo. Alcuni uomini sostengono le proprie opinioni con fermezza, mentre altri sono pronti a concordare con gli altri.

Quelli che hanno meno probabilità di concordare con gli altri possono essere visti come manipolatori o maleducati. Analogamente, quelli che concordano facilmente con gli altri e che vengono scambiati per ingenui, potrebbero essere semplicemente più veloci a perdonare. Potresti desiderare qualcuno che sia di più buon carattere o potresti essere disposta ad accettare chi ha delle convinzioni ferme su eventi specifici della vita.

Infine, bisognerebbe analizzare l'instabilità emotiva. Questo è l'aspetto in cui più probabilmente ti rispecchierai, anche se può essere più semplice se la persona è il tuo opposto, in modo da creare un equilibrio migliore riguardo i vari scenari. Alcune persone rimangono calme e impassibili in varie situazioni perché si sentono sicure di sé. Altre si preoccupano costantemente per le piccole cose e potrebbero persino sentirsi inadeguate se messe in certi ambienti. Sebbene alcune situazioni comportino un po' di preoccupazione, d'altro canto non vuoi trovarti in una condizione di perenne insicurezza. Devi decidere che tipo di personalità preferiresti in un uomo. Preferisci stare con qualcuno che si preoccupa per le piccole cose o piuttosto preferiresti avere accanto qualcuno che prende ogni decisione con sicurezza?

Ci saranno degli estremi per ognuno di questi tratti della personalità. Alcune persone potrebbero essere molto instabili emotivamente, mentre altre potrebbero essere davvero poco estroverse. Nella maggior parte dei casi, probabilmente tu non vorresti avere accanto una persona troppo immersa in un'estremità dello spettro o nell'altra, perché questo potrebbe rendere difficile andarci d'accordo.

. . .

Ricorda, inoltre, che non è solo questione di personalità. Per quanto tu possa pensare di volere una particolare personalità, essa si deve bilanciare con la tua. Se lui ha una personalità che va contro quello che sei, può essere difficile andare d'accordo. Soprattutto quando si parla di un'unione romantica, le personalità devono essere molto compatibili.

Altre caratteristiche importanti

La felicità non ti arriverà da un uomo che sembra appena uscito da un film di Hollywood. Ci sono molti fattori che contribuiscono a creare l'uomo perfetto. Ricorda che alla fine vuoi qualcuno con cui stare per sempre.

Ci sono alcune qualità che dovresti aggiungere alla tua lista:

- È gentile
- È onesto
- È rispettoso
- È maturo
- È ottimista
- È sicuro di sé

Anche se potresti dare alcune di queste qualità per scontate, non tutti gli uomini le possiedono. Se non le inserisci nella tua lista delle qualità che l'uomo perfetto deve avere, potresti dimenticarti di cercarle.

Sfortunatamente, ci sono uomini che non sono gentili. Anche se non devi aspettarti che l'uomo ti apra ogni porta e dica "per favore" e "grazie" a ogni frase, è bene assicurarsi che si occupi dei tuoi bisogni.

Anche l'onestà è importante. Non vuoi ritrovarti nella situazione in cui vieni costantemente ingannata. Se stai con un uomo disonesto, non ti tratterà con il rispetto che meriti.

Riguardo al rispetto, guarda come tratta i suoi colleghi e i suoi nonni. Chiudi gli occhi e pensa al tipo di relazione che vorresti avesse con la sua famiglia. Questo ti dirà tutto quello che hai bisogno di sapere sul rispetto che dimostra nei confronti di coloro che gli stanno intorno.

Stessa cosa per la maturità: tu vuoi qualcuno di maturo. Questo non significa essere privo di senso dell'umorismo o non sapere come lasciarsi andare. Comunque sia, devi essere certa di frequentare un uomo e non un ragazzino.

Una persona ottimista porterà l'ottimismo nella tua vita. Quando lasci qualcuno per come ti fa sentire, l'ultima cosa che vuoi è portare di nuovo negatività nella tua esistenza.

Infine, vuoi qualcuno che sia sicuro di sé. Anche se non vuoi un narcisista, vuoi qualcuno che dimostri sicurezza. Devi prima amare te stesso per poter amare qualcun altro. Per questo hai bisogno di trovare un uomo che sappia come amarsi prima di poter amare te. Un po' di sicurezza di sé può avere un lato sexy, quindi dovresti inserirla assolutamente nella tua lista.

. . .

Ovviamente ci possono essere altre caratteristiche che desideri cercare. Potresti cercare l'intelligenza, uno spiccato senso degli affari, senso dell'umorismo o qualcos'altro. Aggiungilo alla tua lista. Dopotutto, se sogni in grande, potresti scoprire di poter ottenere tutto quello che vuoi in un uomo. Come dice il detto, punta alle stelle e atterra sulla luna.

Mantra che aiutano con l'uomo "perfetto"

Devi imparare che puoi avere il tipo di uomo che desideri. Non puoi lasciarti alle spalle il passato finché non hai speranza per il futuro. Puoi ripetere alcuni mantra a te stessa o ad alta voce per assicurarti di sapere che c'è un uomo per te là fuori che possiederà le caratteristiche più importanti della tua lista.

- Merito di avere l'uomo dei miei sogni
- Accontentarsi non è un'opzione
- Le mie relazioni dovrebbero darmi forza e non buttarmi giù
- Io non ho bisogno di una relazione, io ne voglio una
- Là fuori c'è un brav'uomo adatto a me

Non c'è una scadenza per trovare un uomo, e non hai bisogno di avere una relazione. Quando sarai pronta ad avere degli appuntamenti, sii consapevole di quello che vuoi. Fino ad allora, recita i mantra così da tener presente quello che meriti.

Quando Dio cancella qualcosa nella tua vita, è perché di lì a poco scriverà cose migliori...

7

REALIZZARE CHE NON ESISTE L'UOMO PERFETTO

Il capitolo precedente è un ottimo modo per fare pratica nell'identificare quello che cerchi in un uomo. Ora devi venire a patti con il fatto che la perfezione non esiste. Tu devi stabilire delle aspettative su quello che vuoi in un uomo, tuttavia non puoi aspettarti realisticamente che un uomo possieda tutte le caratteristiche della lista. Farlo è ingiusto sia per te che per lui.

Ogni relazione che intraprendi ha bisogno di essere equilibrata. Proprio come tu non vuoi cambiare per un uomo, un uomo non vuole cambiare per te. Lui deve accettarti per come sei e tu devi accettarlo per come è.

È importante ricordare che non devi rimanere in una relazione in cui non sei felice. Non troverai mai la perfezione. Tuttavia, se lui non possiede nessuna delle caratteristiche che cerchi, o almeno, le più importanti, non devi rimanere nella relazione. Lo scopo dell'uscire con una persona è conoscerla. Se dopo un po' che esci con un uomo ti rendi conto che non si avvicina neanche a quello che vorresti in un rapporto duraturo, puoi decidere di lasciarlo.

Più rimani in una relazione che non va bene per te, più sarà difficile rompere. Il motivo è che inizi a sentirti a tuo agio con quella persona. La fai entrare in ogni aspetto della tua vita. Prima che te ne accorga, quella persona sarà diventata una parte importante di chi sei e cosa fai. Di conseguenza, quando deciderai di lasciarla, nella tua vita resterà un buco. L'obiettivo è evitare che questo accada, capendo sin dall'inizio se quell'uomo è giusto per te.

Ora che ti sei presa del tempo per capire qual è la tua idea di uomo perfetto, puoi avvicinarti a quello che davvero desideri. Una volta stabiliti determinati aspetti sui quali non sei disposta a scendere a patti, come fede, personalità e vari tratti emotivi, puoi uscire con qualcuno concentrandoti su tali caratteristiche. Se esci con qualcuno che non ha la tua stessa fede o che non è ambizioso come vorresti, allora passa a qualcun altro.

Un appuntamento non è un impegno. È solo un modo per conoscere qualcuno. Non puoi aspettarti di trovare l'uomo perfetto al primo appuntamento. Il mondo non funziona così. Aspettarsi di poter plasmare una persona come l'uomo perfetto che desideri è solo un modo per prepararsi ad avere una delusione. È meglio identificare alcuni aspetti durante l'appuntamento per assicurarti di ottenere quello che desideri.

Affondare di nuovo la punta del piede nel campo degli appuntamenti può fare un po' paura. Essere armata di una maggiore consapevolezza di ciò che vuoi, sapendo che non esiste la perfezione, può aiutarti a definire le tue aspettative a un livello più realistico.

In ogni caso, non è possibile forzare una connessione. Anche se qualcuno può sembrare la persona perfetta, potrebbe non avere la personalità che desideri o potrebbe non esserci chimica fra voi due. Può anche accadere che i sentimenti non siano corrisposti. Questo è il motivo per cui non esiste l'uomo perfetto. Comunque, là fuori è pieno di uomini del tutto compatibili con te e con il tuo modo di vivere.

Ora, ci sono alcuni modi per stabilire se un uomo va bene per te e se vale la pena intraprendere una relazione a lungo termine. Non sentirti mai come se dovessi precipitarti in una nuova relazione. Puoi piangere per la tua precedente relazione per un po'. Comunque sia, una volta che hai superato i passaggi per far uscire un uomo dalla tua vita, devi concentrarti sul futuro.

Osserva come si comporta con te e con gli altri

Puoi dire molto su una persona osservando come si comporta con te e con le altre persone che la circondano. Anche prima di uscire con un uomo, puoi osservarlo in silenzio per un po'. Se hai messo gli occhi su un collega, per esempio, presta attenzione a come tratta i suoi preposti e i suoi sottoposti. Questo può mostrarti alcune caratteristiche della sua personalità, ancor prima di avere un appuntamento con lui. Se fin da subito non ti piace quello che vedi, uscire con lui non cambierà queste cose.

. . .

La compassione è facile da individuare. Se noti che un uomo tratta le persone intorno a lui con poco riguardo, questo dimostra che manca quella compassione che potrebbe fare di lui un buon compagno. Anche i suoi sottoposti dovrebbero essere trattati con rispetto. Se lo vedi ignorare costantemente le persone intorno a lui, trattarle con sufficienza o anche aspettarsi che facciano di più di quello che dovrebbero, questo potrebbe dirti molto sulla sua personalità.

Alcune persone sono in grado di "vedere" la compassione nelle persone in modo più facile degli altri. Questo di solito è collegato al tuo istinto "di pancia" o all'intuizione femminile. Se ti accorgi che una persona è gentile e affidabile, dovresti fidarti. Questo perché vedi la sua compassione emergere con le persone con cui interagisce quotidianamente.

L'uomo che osservi silenziosamente può essere ovunque. Può essere un collega, qualcuno seduto al bar o anche il barista del tuo locale preferito. Non c'è niente di male a osservare in quieta ammirazione per un po'. Se si accorge che lo stai guardando, semplicemente sorridi. Gli manderai così il messaggio che sei interessata. Se anche lui è interessato, potrebbe venire da te per cominciare una conversazione.

Una volta condotte le tue osservazioni silenziose, potresti volerti fidare della tua pancia e dire "sì" se c'è l'opportunità di avere un appuntamento. L'appuntamento può essere visto come un test per conoscere davvero quell'uomo. Se vivi una bella esperienza durante l'appuntamento, potresti volerne un altro. Altrimenti, puoi sempre decidere di fermarti al primo appuntamento in base a quello che hai osservato.

. . .

Lui ci sta mettendo dell'impegno?

Quando osservi come si comporta con te e anche con le persone intorno a lui, ti accorgi che ci sta mettendo un po' di impegno? Questa è una domanda a cui puoi rispondere facilmente. Se non pianifica una data per uscire, potrebbe non voler fare un'ottima prima impressione. Non devi uscire con qualcuno di sgarbato, superficiale o che non ti faccia sentire desiderata. Dovrebbe sempre farti sentire come se fossi una priorità. Se si dimentica di aver fatto piani con te o assume sempre l'atteggiamento del "non lo so, tu cosa vuoi fare", puoi trarre le tue conclusioni sul suo metterci abbastanza impegno oppure no, in base ai tuoi gusti.

Guarda anche l'impegno che mette nel resto della sua vita. Eccelle nel lavoro? Ha un buon rapporto con la sua famiglia? Se non si impegna in nessun campo della sua vita, potresti non voler aspettare fino a che capisca come si fa. Non devi uscire con una persona "work-in-progress". È qui che devi capire cosa vuoi e non accontentarti di niente di meno di ciò che meriti.

Ti dà segnali positivi?

L'uomo con cui vuoi stare deve dimostrarti di essere interessato. Se passa più tempo al telefono che a parlare con te o non ha voglia di tenerti per mano quando andate in giro, dovresti mettere in discussione i veri motivi che ha per uscire con te. Guarda anche il linguaggio del corpo. Si lecca le labbra quando è vicino a te? Si protende verso di te e sorride spesso? Se non fa queste cose, potrebbe non essere molto coinvolto.

. . .

Per quanto riguarda le altre persone nella sua vita, cerca di capire quanto sia attivamente coinvolto. Se sembra assumere un atteggiamento controllato in tutti gli aspetti della sua vita sociale, potrebbe non essere pronto ad alcun tipo di impegno. In questo caso potresti ritrovarti con il cuore spezzato se decidi di ignorare i segnali.

È riconoscente?

"Grazie" è una parola di grande aiuto. Che la dica a te dopo che hai fatto qualcosa di carino per lui, o che la dica al cameriere che gli ha portato il cibo, ascolta quella piccola parola. Se non apprezza le piccole cose ora, può diventare difficile fare qualcosa per lui in futuro. In futuro le piccole cose potrebbero accumularsi. Assicurandoti che sia una persona riconoscente, puoi guardare avanti verso un futuro che comprenda rispetto, amore e felicità.

La riconoscenza si dimostra anche in molti altri modi oltre a dire "grazie". Ricambia in qualche modo quello che fai per lui? Se tu cucini, lui pulisce? Non devi ritrovarti in una situazione in cui lui dà sempre per scontato le cose che tu (o gli altri) fai/fate per lui, perché questo, in futuro, potrebbe trasformarsi in risentimento.

È consapevole delle emozioni?

Se sei turbata, lui deve essere capace di accorgersene. Se sei felice, lui dovrebbe essere pronto a festeggiare con te. Anche se gli uomini spesso non colgono ogni emozione, devono essere in grado di individuare le più manifeste. In special modo se ti presenti a un appuntamento sentendoti un po' depressa, lui dovrebbe chiederti cosa c'è che non va e sforzarsi per tirarti su il morale.

Deve anche essere consapevole degli effetti che ha sulle emozioni degli altri. Se insulta qualcuno, deve capire l'effetto che ha sortito e scusarsi. Se irrita qualcuno o lo fa arrabbiare, o suscita qualche altra emozione, deve esserne consapevole. Altrimenti, corri il rischio di instaurare una relazione con una persona che non si rende conto di come fa sentire gli altri. Inoltre, non avrai il supporto emotivo di cui hai bisogno per vivere una relazione sana ed equilibrata.

Osservare come un uomo tratta te e le altre persone nella sua vita, ti dirà di più di quanto possa fare una lista perfetta. Anche se fare una lista è utile, devi guardare le sue azioni per poter giudicare chi è veramente.

Individua dei modelli

Una persona con cui inizi a uscire potrebbe possedere tutte le caratteristiche della tua lista perché avete in comune la stessa fede, gli stessi obiettivi di carriera e molto altro. Comunque sia, è importante essere consapevoli che nessun uomo è perfetto. Uno dei modi migliori per capire se un uomo è in grado di avere una relazione amorevole e stabile con te è quello di cercare dei modelli.

Molte donne ignorano i modelli perché preferiscono avere una relazione piuttosto che essere single. Questo è pericoloso. Ci sono dei modelli di relazione non sani che devi individuare in modo da starne alla larga. Se questi modelli iniziano a manifestarsi, è il campanello d'allarme che ti dice di prendere il più possibile le distanze da quella relazione. Altrimenti rimarrai incastrata in un rapporto tossico da cui è difficile uscire.

- Troppo dipendente
- Troppo indipendente
- Non disposto a fare sacrifici
- Incapace di comunicare
- Incoraggia la disparità tra i sessi

Ognuno di questi modelli problematici merita un po' di attenzione in più, in modo che tu possa identificare i segnali di pericolo durante i primi appuntamenti con un uomo.

Troppo dipendente.

Anche se senti di essere una nutrice naturale, non devi trovarti in una situazione in cui la relazione diventa la tua vita intera. Non devi essere sua madre ma la sua compagna. L'equilibrio è fondamentale e la persona con cui hai una relazione non può e non deve essere completamente dipendente da te. Deve rispettare il fatto che ci siano cose che devi fare da sola. Deve anche rispettare il tuo desiderio di avere del tempo per te stessa. Diventare finanziariamente dipendente da te, in particolar modo nella fase degli appuntamenti, è anch'esso un campanello d'allarme a cui devi prestare attenzione.

Troppo indipendente.

Ci deve essere molto spazio per i compromessi in una relazione. Una cosa che la lista dell'"uomo perfetto" non stabilisce è la volontà di una persona di fare compromessi. Non vuoi intraprendere una relazione in cui il valore fondamentale del tuo partner non è negoziabile. Se c'è qualcosa che vuole fare senza invitarti, lascia che si diverta. Se è qualcosa che fa tutto il tempo senza coinvolgerti nel processo decisionale, tuttavia, potrebbe essere il momento di parlarne. Una persona troppo indipendente può portare a problemi nel momento in cui non ti dà la stessa voce in capitolo riguardo a quello che succede.

Non disposto a fare sacrifici.

Il sacrificio è tutta questione di imparare che bisogna rinunciare ad alcune cose quando si ha una relazione seria. Non si può vivere da single e avere una relazione seria. Bisogna lasciar andare qualcosa. Se lui non vuole mai rinunciare al tempo con gli amici in modo che voi possiate uscire la sera, devi chiederti se lui vuole davvero avere una relazione con te oppure no. Non devi essere l'unica a fare sacrifici per far funzionare la relazione. È questa la situazione in cui le cose diventano sbilanciate. Ogni buona relazione prevede che entrambi i partner sacrifichino lungo la strada alcune preferenze e desideri per raggiungere un punto di incontro in cui si è entrambi felici.

Incapace di comunicare.

La comunicazione è una componente essenziale di ogni relazione sana. Sfortunatamente, anche se lui è perfetto sulla carta, i canali della comunicazione potrebbero non essere aperti. Questo potrebbe essere dovuto al fatto che lui non vuole condividere i suoi sentimenti con te o semplicemente è incapace di esprimere se stesso. Una comunicazione corretta implica la capacità di trasmettere atteggiamenti, preferenze e altro. Se i fastidi vengono trattenuti fino a quando non portano a una discussione accesa, si andrà a generare della tensione nella relazione. Se fai costantemente fatica a tenere un discorso tranquillo e composto su varie questioni, è possibile che non siate destinati a stare insieme.

Incoraggia la disparità tra i sessi.

Potrebbe essere stato allevato in un certo modo, con stereotipi obsoleti su quale ruolo l'"uomo" e la "donna" debbano avere. I tempi sono cambiati e il suo modo di pensare deve cambiare. Se in qualche modo ha incoraggiato esplicitamente o implicitamente la disparità tra i sessi, questo potrebbe essere un modello destinato a tradursi in una relazione a lungo termine non salutare.

Puoi iniziare a notare le sue opinioni sulla disparità quando si mette a parlare del futuro, di come avere figli, cucinare, pulire e svolgere varie faccende domestiche. Puoi anche notare le sue opinioni sulla disparità a letto, in special modo nel modello vecchio stile in cui è l'uomo a dare inizio al rapporto sessuale mentre la donna è tenuta ad accontentarlo e solo lui riceve piacere.

Indipendentemente dal modo in cui vedi manifestarsi la disparità, devi identificare subito tale modello per assicurarti di cercare una relazione più sana. Questo è uno di quei casi in cui si potrebbero inizialmente spuntare tutte le caselle. Tuttavia, devi ricordare a te stessa che non esiste un uomo perfetto e che meriti di avere sempre una relazione sana.

Riuscendo a individuare subito i modelli, puoi risparmiare un sacco di struggimenti. Ricorda che gli appuntamenti dovrebbero essere un periodo di prova per entrare in una relazione a lungo termine. Se ignori i modelli problematici per troppo tempo, puoi finire in una relazione a lungo termine con qualcuno che non ti piace nemmeno.

Sii onesta su come ti fa sentire

C'è anche un altro aspetto dell'uomo perfetto che non esiste sulla carta. Anche se puoi aver vinto la lotteria riguardo all'aver trovato un uomo di bell'aspetto, con senso dell'umorismo e un lavoro sicuro, devi guardare al modo in cui ti fa sentire. Non devi mai ignorare quello che il tuo corpo e la tua testa ti dicono, e guardare semplicemente una lista. I tuoi amici e la tua famiglia non possono dirti come lui ti fa sentire. Ovvero:

Ti fa sentire come se tu fossi una priorità?
Ti vengono le farfalle nello stomaco quando è vicino a te?
Ti senti a tuo agio accanto a lui?
Ti senti eccitata all'idea di vederlo?
Ti senti fiduciosa riguardo a un futuro insieme a lui?

Nessuno può dirti come ti fa sentire eccetto tu. Questa è una cosa che ha a che vedere con le basi della chimica. O senti qualcosa per qualcuno oppure no. Se non senti le farfalle ogni volta che gli sei vicina, passare più tempo insieme non creerà quella sensazione.

Ci sono alcune cose che potrebbe essere in grado di fare in modo diverso o di cui voi potete parlare in modo da dare un impulso al modo in cui ti fa sentire. Tuttavia, spesso tutto si riduce alla chimica nel suo complesso. Se non ti senti fiduciosa sul futuro con lui, non c'è motivo di portare avanti la relazione perché passare più tempo con lui non creerà quel sentimento di speranza.

Devi essere in grado di testare la chimica che hai con qualcuno notando alcuni segnali. Potresti vedere che il suo linguaggio del corpo cambia quando è con te: per esempio si sporge verso di te o mette la sua mano sulla tua; potrebbe scherzare con te in un modo in cui non fa con nessun altro. Anche il contatto visivo tra voi due può essere molto intenso. Potreste notare piccole cose l'uno dell'altra e la conversazione potrebbe scorrere più facilmente, facendoti perdere la cognizione del tempo.

Una tensione palpabile è un altro modo di testare la chimica. L'attrazione fisica e il desiderio sono indicatori significativi di una buona chimica. Se senti che l'aria tra voi due si fa più densa, è per via della tensione palpabile. Comunque sia, questo tipo di desiderio e interesse non deve essere l'unica cosa su cui costruisci una relazione; il desiderio, infatti, da solo non basta. Devi assicurarti che la relazione ti dia soddisfazione a tutti i livelli: corpo, mente e anima.

Infine, devi essere onesta sul modo in cui ti fa sentire. Se a ogni appuntamento non vedi l'ora di incontrarlo, è un buon segno. Se quando sei con lui ti senti confusa e nervosa in un senso buono, questo dimostra che sei davvero presa da lui. La chimica, tuttavia, non scorre sempre in entrambe le direzioni. Per questo devi cercare i segnali che anche lui stia sentendo quella chimica; questi segnali includono la sua capacità di notare le piccole cose, il suo sorridere in continuazione e perfino il suo flirtare in modo sottile. Se ricevi indizi da lui e tu senti vibrazioni simili, allora ci può essere una relazione felice e sana veramente sostenibile.

Mantra che aiutano con l'uomo reale

Iniziare a guardare gli uomini per quello che sono veramente ti aiuta a decidere se vuoi avere una relazione con loro. Ci sono alcuni mantra che puoi ripetere a voce alta o a te stessa in modo da poter ricordare che non esiste l'uomo perfetto.

- Merito di essere felice in una relazione
- Gli uomini non sono perfetti e io non li posso cambiare
- Io merito di amare e di essere amata
- Niente chimica vuol dire niente felicità
- Gli appuntamenti sono un modo per conoscere qualcuno

Questi promemoria giornalieri possono aiutarti anche quando inizi a uscire con qualcuno. Non gettarti a capofitto in una relazione a lungo termine finché non conosci un po' meglio l'uomo con cui stai uscendo.

"Ama la goccia che fa traboccare il vaso. È nascosto lì dentro ogni bel cambiamento."

8

SII FELICE CON CHI VEDI DAVANTI A TE NELLO SPECCHIO

Quando ti guardi allo specchio sei felice di quello che vedi riflesso? Non è solo una questione di apparenza, sebbene dovresti essere a tuo agio anche con il tuo aspetto. Si tratta piuttosto di essere onesta su chi sei e su chi sei diventata.

Se non ti senti a tuo agio nella tua pelle, non sentirai di meritare un brav'uomo. La buona notizia è che sono un sacco le cose che puoi fare per essere più felice riguardo a chi sei, come ti senti e perfino come appari.

È importante essere aperti riguardo i propri difetti. Potresti essere già ben consapevole di quali sono. In caso contrario, rivolgiti alla tua tribù per aiutarti a evidenziare alcuni dei più grandi difetti del tuo carattere, in modo da poterci lavorare sopra. Magari sei sempre in ritardo. Magari sei una procrastinatrice. Qualunque essi siano, è meglio conoscerli in modo da poter essere aperta e onesta. Su alcune cose ci puoi lavorare, mentre altre le devi semplicemente accettare.

Quando ti sentirai più sicura su chi sei e su cosa vedi nello specchio, la fiducia in te stessa aumenterà. Questo ti renderà più facile dire "no" quando incontri un uomo che non si adatta a quello che stai cercando. Le donne con una bassa autostima hanno maggiori probabilità di avere cattive relazioni perché non vogliono rimanere sole.

È pieno di opportunità là fuori. Puoi scegliere quando uscire e con chi uscire. Non venderti facilmente al primo uomo che si dimostra interessato a te. Se non senti la chimica e lui non soddisfa la tua lista, va bene dire "No, grazie". La maggior parte degli uomini preferirebbe che tu fossi onesta, piuttosto che essere illusi.

Sii la versione migliore di te

Si fanno degli errori e va bene così. Mettiti alle spalle tutti quegli errori in modo da poter essere la tua migliore amica. Dovresti concentrarti sul migliorarti quotidianamente in vari aspetti della tua vita.

Questo è più facile a dirsi che a farsi. A un certo punto devi essere onesta su alcune tue cattive abitudini e ammetterle. Se senti dell'odio nel tuo cuore, questo ti impedirà di andare avanti in modo positivo. Significa anche che hai lasciato che il tuo ex ti trasformasse in qualcuno che non vuoi essere. In questo modo gli permetti di vincere. Sii migliore di così.

. . .

Praticare il perdono è una buona idea. Se covi dentro di te del risentimento, che sia verso il tuo ex o chiunque altro nella tua vita, perdona e dimentica. Impara dalla sofferenza che hai provato e sii grata per quelle lezioni. Non pensare al perdonare qualcuno come a un modo perché "se la cavi". Fallo per allontanare te stessa dalle esperienze negative. Altrimenti, la persona in questione continuerà a tormentare i tuoi pensieri.

Non cercare delle giustificazioni per certi comportamenti. È facile dare la colpa a qualcun altro per quello che hai fatto, ma questo non ti porterà lontano. Se non sei felice, devi ricordarti che tu hai il controllo di come ti senti. Nessuno può farti sentire in un determinato modo, perché tu hai il potere di eliminare le persone negative dalla tua vita. Assumiti la responsabilità dei tuoi errori sia nella tua vita privata che in quella professionale in modo da diventare una persona migliore.

Non serve energia in più per essere gentili. Parole come "per favore" e "grazie" vanno davvero lontano. Inoltre, le persone intorno a te ameranno il fatto che dimostri la tua riconoscenza. Dei semplici atti di gentilezza hanno il potere di rendere qualcuno felice. Se qualcuno è sgarbato con te, sorridi. Non scendere al suo livello perché questo permette all'odio di entrare nel tuo cuore. Non lasciare che il cattivo comportamento di qualcun altro determini il tuo comportamento. Sii superiore.

Impara cose che non conosci. È una buona cosa sapere come funzionano le culture differenti in modo da poter essere più consapevole quando vieni a contatto con esse. Se ti trovi in una situazione in cui potresti dover parlare di politica, cultura mondiale o qualcos'altro, rispolvera le tue conoscenze. Ti sentirai più sicura di te se riuscirai a sostenere una conversazione.

Ci sono molti modi per essere la versione migliore di te stessa. In ultimo, non lasciare che nessuno ti dica chi devi essere. Tu hai il controllo della tua vita, quindi solo tu puoi decidere chi vuoi essere. Se ti stai ancora costruendo, va bene. Con un piccolo sforzo puoi diventare chi vuoi essere.

Impara come costruire la fiducia in te stessa

Prima di poter costruire la fiducia in te stessa, è meglio se fai un rapido autocontrollo. Al momento mostri qualche segno di avere fiducia in te stessa?

•

- Stai dritta?
- Ti vesti per il successo?
- Riesci ad accettare un complimento?
- Festeggi le vittorie degli altri invece di essere gelosa?
- Cerchi dei feedback?
- Dici quello che pensi?
- Ti circondi di persone positive?

Se hai risposto "no" a una di queste domande, dovresti aumentare un po' la fiducia in te stessa. Questa non è una cosa che accadrà in una notte. Devi, invece, dedicare un po' di tempo a ciascuna area in modo da poter costruire lentamente la tua autostima. Mentre la costruisci, potresti scoprire che più persone iniziano a notarti.

. . .

Lavora un pochino sulla tua postura in modo da mostrare che sei orgogliosa di chi sei. Fatti una foto per vedere quanto stai ricurva. Potrebbe essere il momento di frequentare una lezione di yoga o di andare dal chiropratico per farti aiutare un po' in quest'area.

Vestiti in modo da sentire di poter conquistare il mondo. Se ti vesti nel modo in cui vorresti sentirti piuttosto che nel modo in cui ti senti effettivamente, potresti scoprire che il tuo atteggiamento cambia in meglio.

I complimenti dovrebbero essere un modo per sollevare d'animo le altre persone. Non consentire ai pensieri negativi di offuscare la tua capacità di accettare un complimento. Inoltre, non devi per forza ricambiare il complimento. Se questo è un riflesso che ti viene naturale, lavoraci sopra per frenarlo.

Riconosci il tuo valore. Quando sei un membro prezioso sul lavoro o una buona amica, ricordatene. In questo modo sarà più facile festeggiare la vittoria di qualcuno invece che riempirti la mente con l'idea che non sei abbastanza brava. Sii grata per quello che hai ottenuto, anche se qualcun altro ha ottenuto un successo sorprendente.

Cerca dei feedback in modo da poter migliorare quotidianamente. Questo vale sia dal punto di vista personale che professionale. Non essere il tipo di persona che non si chiede come poter migliorare perché non vuole ascoltare la risposta. La conoscenza è potere. Se qualcuno ti dice che dovresti imparare di più su una determinata cosa, la conoscenza potrebbe rafforzarti. Dovresti anche cercare di cambiare qualche abitudine, anche questo è un esercizio, diventando più organizzata o semplicemente più puntuale.

Sii sicura di te quando parli. Dovresti mirare a stabilire un contatto visivo con la persona con cui stai parlando. Parla ad alta voce e assicurati di tenere la testa alta. È anche una buona idea parlare lentamente in modo che le persone possano capire tutto quello che hai da dire. Le persone che hanno autorità parlano lentamente perché così trasmettono fiducia. Se hai l'abitudine di parlare rapidamente, prova a rallentare un po'.

Scegli di circondarti di persone positive. Puoi comportarti in maniera positiva, ma se tutti intorno a te si comportano in modo negativo, questo avrà delle ripercussioni sulla tua sicurezza. Seleziona i tuoi amici con attenzione per assicurarti che essi siano gentili e generosi come te.

Fatti i complimenti il più spesso possibile. Se hai un bell'aspetto, riconoscilo. Dillo allo specchio mentre ti sistemi i capelli o mentre esci di casa. Festeggia anche le tue vittorie, non importa quanto siano grandi o piccole, ti ricorderà che sei una persona fantastica.

A volte, un semplice sorriso può essere un ottimo modo per aumentare la tua autostima. Scoprirai che ti senti meglio quando sorridi. Puoi generare una reazione a catena e incoraggiare anche le persone intorno a te.

. . .

Avere più fiducia in te stessa può aiutarti in tutti gli aspetti della tua vita. Le persone graviteranno intorno a te perché vogliono sapere di più su chi sei. Nella tua vita privata, gli uomini potrebbero avvicinarsi a te con maggior rapidità. La fiducia in se stessi è sexy, quindi la dovresti sviluppare. Nella tua vita professionale, potresti scoprire che puoi salire più rapidamente la scala aziendale, ottenere più clienti ed esprimere la tua opinione nel corso di più riunioni.

Cambia look

Quando ti guardi allo specchio devi amare quello che vedi. Se non sei soddisfatta di qualche aspetto di te, potrebbe essere ora di cambiare look. Puoi fare tanto, o poco, come desideri. Chiedi aiuto agli amici. Sottoporti a dei trattamenti di bellezza e darti un nuovo aspetto potrebbe essere proprio quello di cui hai bisogno per essere felice con chi vedi nello specchio.

Se avevi una relazione stabile, cambiare un pochino il tuo look può essere un ottimo modo per darti una nuova identità. Magari avevi un look particolare quando stavi con lui perché era così che lui ti voleva. Sia che tu portassi i capelli lunghi, raccolti o sciolti, o persino un certo tipo di trucco, puoi cambiare tutto. Non stai più con lui, quindi cambia aspetto con un look che ti faccia sentire a tuo agio.

Un cambio di look non deve essere niente di speciale. Tuttavia, ci sono vari consulenti di immagine e figure di questo tipo da cui puoi andare per ottenere il restyling della vita. Tutto dipende da quanti soldi vuoi spendere.

. . .

Inizia con i vestiti.

Potresti voler cambiare alcuni dei vestiti che indossi. Considera delle aree come:

- Combinazione di colori
- Tipi di camicette
- Pantaloni contro gonne
- Tipi di scarpe

Se il tuo ex era basso, potresti esserti limitata a indossare scarpe basse. Ora potrebbe essere il momento di tirare fuori i tacchi. Al contrario, se era molto alto, potresti aver indossato i tacchi per arrivare al suo livello. Ora, potresti voler indossare un paio di ballerine o persino delle scarpe da ginnastica colorate.

Porta un'amica a fare shopping con te. Lasciale scegliere quei vestiti che pensa potrebbero starti bene. Rendi la cosa più divertente richiedendo anche l'aiuto dello staff del negozio. Si metteranno tutti a scegliere dei begli abiti. Questi nuovi vestiti possono anche semplicemente essere al di fuori della tua zona di comfort. Se ti piace come ti fanno sembrare, prendili. Potrebbe essere l'inizio di una nuova te.

Sperimenta un nuovo taglio di capelli.

Il tuo cambio di look può continuare andando dal tuo parrucchiere di fiducia. Se ti senti audace, lascia che ti dia un aspetto che pensa vada bene per la nuova direzione della tua vita. Altrimenti porta un paio di foto trovate su Internet.

Potresti voler cambiare colore di capelli. Puoi farlo tingendo tutti i capelli o facendo delle mèche. Se hai i capelli castani, prendi in considerazione di aggiungere del biondo; se hai i capelli biondi, del castano o del rosso. E ancora, se ti senti particolarmente audace, potresti aggiungere ai tuoi capelli del rosa, del viola, del turchese o un altro colore stuzzicante.

Cambia la lunghezza e lo stile in generale. Potresti voler fare qualcosa di un po' aggressivo. Se non riesci a ricordare l'ultima volta che hai cambiato qualcosa nei tuoi capelli, scatenati. Ricorda che i capelli ricrescono. Il tuo parrucchiere potrebbe tagliarti i capelli in modo tale da farti sentire più leggera e più libera di quanto non ti senta da anni.

Rinnova il tuo trucco.

Puoi modificare in modo significativo il tuo look cambiando il tipo di trucco che usi. Ci sono centinaia di marche di cosmetici. Magari conosci qualcuno che vende cosmetici che può sedersi con te e mostrarti un paio di nuove tecniche. Troveranno i colori giusti per te e così via. Altrimenti, vai a un corner cosmetico in un centro commerciale. I professionisti ti faranno sedere e ti mostreranno tutto quello che devi sapere.

Il cambio di trucco inizia con una routine di cura della pelle.

Potresti iniziare a usare un nuovo detergente per eliminare eventuali punti neri o pori dilatati. Poi, assicurati di individuare una buona crema idratante per nutrire in maniera adeguata la tua pelle.

Il *contouring* ti mostrerà come ottenere zigomi più sottili, un naso più piccolo e molto altro. Ciò significa che se c'è un aspetto particolare del tuo viso di cui non sei entusiasta, puoi scoprire come distogliere l'attenzione da esso senza doverti rivolgere alla chirurgia plastica.

A volte, quello che ci vuole è assicurarsi di avere la giusta tonalità di fondotinta. Ci sono anche delle tinte di ombretto che stanno meglio su determinati tipi di pelle: blu, verde, grigio, marrone, rosa e altri colori possono essere aggiunti agli occhi per creare un look neutro o marcato. Se ti rivolgi a un'estetista, lei potrà abbinare un colore basandosi sulla tonalità della tua pelle e sul colore dei tuoi occhi.

Quando avrai finito con questa fase del tuo restyling, potresti essere irriconoscibile. Spesso le persone impegnate in relazioni serie per molto tempo iniziano a perdersi nell'altra persona. Se hai smesso di capire chi sei o hai smesso di preoccuparti del tuo aspetto, cambiare il tuo trucco come parte di un cambio di look può essere un passo importante per rivendicare la tua identità.

Cambia qualcosa nel tuo mondo.

Un cambio di look non è solo un cambiamento fisico. Può

riguardare qualsiasi cosa serva per costruire la tua fiducia in te stessa e farti sentire a tuo agio nella vita che stai facendo. Questa può anche essere un'opportunità per disintossicarti dal tuo ex.

Potresti iniziare con il cambiare l'aspetto della tua camera da letto. Compra un nuovo copripiumone per avere un look nuovo rispetto a quello che condividevi con il tuo ex. Aggiungi delle candele, cambia colore della stanza e regalati anche qualche nuovo pezzo d'arredamento.

Aggiungi qualche cuscino sul divano. Potresti cercare quelli con citazioni stimolanti che siano in linea con te, così da offrirti conforto e ricordarti regolarmente quanto sei diventata sicura di te.

Prendi in considerazione di comprare una nuova macchina. Potresti aver preso l'ultima perché lui è venuto con te e ti ha influenzato con la sua opinione. Prendi un'auto con un colore adatto a te, in modo da sentirti più sicura di te in strada.

Cambia profumo. A volte, una nuova fragranza è proprio quello di cui hai bisogno. Se in particolare eri solita comprare uno specifico profumo perché a lui piaceva, ora è decisamente tempo di trovarne uno nuovo da spruzzarti addosso.

Inizia a fare volontariato in qualche posto stimolante. Potresti voler aggiungere un po' di gratitudine alla tua vita. Trova una mensa per i poveri, un rifugio per senzatetto o perfino una biblioteca locale dove puoi fare volontariato. Sarai in grado di aiutare i più sfortunati e ti verrà anche ricordato che vivi una vita fortunata. Se hai dimenticato quanto hai di buono, il volontariato in una comunità a basso reddito può darti la scossa di cui hai bisogno.

Stravolgi la routine che segui. Se sei sempre andata in palestra prima del lavoro, considera di andarci dopo il lavoro. Prova un nuovo bar, invece del solito. Vai al lavoro facendo una strada diversa. Il semplice riorganizzare un po' i tuoi programmi può avere un impatto notevole sul modo in cui ti senti ogni giorno.

Una volta che concedi a te stessa (e alla tua vita) un restyling, sei pronta a passare a cose più grandi e migliori. Ora hai la sicurezza per andare avanti, quindi non c'è motivo per cui tu debba ancora tenerti stretto il tuo ex. Se il tuo ex in un modo o nell'altro ti ronza ancora intorno, puoi allontanarlo con sicurezza da te senza sentirti incline a essere risucchiata di nuovo.

Il tuo cambio di look può prenderti un giorno, una settimana o perfino un mese. Se ci sta volendo un po' per portare avanti la trasformazione che desideri, valuta l'idea di crearti uno schema visivo. Questo può renderti più facile visualizzare quello che vuoi. Stampa delle immagini da Internet o ritagliale dalle riviste in modo da sapere quale look vuoi ottenere. Avere uno schema visivo ti servirà da promemoria su come vuoi che sia il tuo mondo quando avrai finito. Potresti stupirti di quanto questo ti mantenga ben concentrata sui tuoi obiettivi.

Mantra per costruire la fiducia in se stessi

Hai bisogno di tutto l'aiuto che puoi ottenere per costruire la fiducia in te stessa. Preparandoti psicologicamente, ti sarà più facile dare la priorità a te stessa. I pensieri positivi renderanno più semplice acquisire la consapevolezza che meriti il meglio per te.

Recitare dei mantra può fare una grossa differenza. Dilli ad alta voce o affiggili intorno a te in modo da avere dei promemoria giornalieri.

- Muoviti con sicurezza nella direzione dei tuoi sogni
- Prendi il controllo su chi vuoi essere
- Ama te stessa in modo da poter essere amata
- Io so di poter fare qualsiasi cosa
- Faccio del mio meglio e il mio meglio è abbastanza

Appena inizierai a recitarli più spesso, la tua sicurezza sboccerà. Ti renderà più semplice vivere la vita migliore che puoi vivere e conoscere la tua autostima ogni giorno. Puoi anche cambiare i mantra settimana dopo settimana, in modo che si applichino più efficacemente a quello su cui stai lavorando.

L'Amore di un solitario è il più autentico che ci possa essere. Ti ama per scelta, non per compagnia.

— CHARLES BUKOWSKI

9

SEPARARSI DALL'EX

Ora sei più forte. Sai che non appartieni al tuo ex. Comunque, per poterlo davvero lasciar andare, devi assicurarti che sia fuori dalla tua vita. A seconda di quanto tempo sei stata con il tuo ex e del modo in cui stavate insieme, potresti scoprire che lui è una parte della tua vita più grande di quanto tu vorresti. Questo vuol dire che potresti dover lavorare un po' per separarti da lui.

Farlo uscire dalla tua vita potrebbe essere difficile. Lui potrebbe essere ovunque ti volti. Non è salutare girarsi e ritrovarselo in un aspetto della tua vita. Potresti non riuscire ad andare avanti se lui fa ancora parte della tua vita. Non vuoi avere un tipo di promemoria del genere intorno a te. Anche se gli hai già detto addio, quello era solo un modo per comunicargli che non stavate più insieme. Ora devi assicurarti che lui non rimanga dove tu passi il tempo.

Anche se con il tempo è possibile che rimaniate amici, adesso devi lavorare per proteggere il tuo cuore. Separarsi dal tuo ex richiederà del tempo. Ne vale la pena, però. Può volerci del tempo e il supporto dei tuoi amici, ma ti aiuterà a entrare in uno stato mentale più positivo. Altrimenti la sua costante e incombente presenza può farti sprofondare ancora di più nella depressione.

Vederlo costantemente intorno a te può causarti rabbia se vedi che lui è andato avanti con qualcun altro più velocemente di te. Venire a sapere tutto quello che sta facendo può farti ricadere e ricordare il motivo per cui vi eravate messi insieme. Anche se puoi ricordare a te stessa tutti i motivi per cui non stavate bene insieme, devi sbarazzarti della sua presenza fisica.

Hai già fatto la parte più difficile staccandoti emotivamente dal tuo ex. Una volta che lo farai uscire fisicamente dalla tua vita potrai rimanere emotivamente distaccata in via definitiva. Il distacco fisico potrebbe non essere facile, quindi devi prepararti a prendere delle decisioni difficili. Ricordati sempre che hai il controllo sulla tua vita. Nessun uomo ha il diritto di decidere chi sei o come ti senti. Prendi il controllo e disintossicati da lui.

Rivedi la tua tabella di marcia quotidiana

La prima cosa che devi fare è controllare bene la tua tabella di marcia per vedere come e quando potresti imbatterti in lui. Pensa alla tua routine quotidiana per capire quando è più probabile incontrarlo. La tua routine quotidiana deve includere il tempo che passi al lavoro e anche il tuo tempo libero.

Frequentate lo stesso bar?

Lavori nel suo stesso palazzo?
Andate nella stessa palestra?
Quanti amici avete in comune?

Queste sono tutte domande che devi porti per stabilire un piano di gioco. Più spesso rischi di incontrare il tuo ex, più grandi sono le mosse che devi compiere per allontanarlo da te. Non sarà facile. Comunque, devi essere pronta a fare grandi mosse per rimetterti del tutto.

Potresti iniziare facendo alcuni cambiamenti nella tua tabella di marcia. Se la mattina per prima cosa vai sempre al bar e ti imbatti nel tuo ex, vai qualche minuto più tardi. Altrimenti, scegli un altro bar in cui andare.

Se vai sempre in palestra nel pomeriggio, vai la mattina o più tardi in serata, in modo da non dover fare delle imbarazzanti chiacchierate con lui.

Apportare alcune modifiche al tuo programma può essere scomodo. Ma con questa seccatura arriva anche la capacità di stargli lontano. È un sacrificio che devi fare in modo che non emerga il suo ricordo fisico ovunque tu vada.

Man mano che seguirai la tua nuova tabella di marcia sarà sempre più facile rispettarla. Non vederla come una scocciatura. Vedila, invece, come un modo per cambiare le cose e concentrarsi sul futuro. Potresti scoprire che le nuove modifiche ti piacciono.

Non esitare a sconvolgere un po' i tuoi piani ed esci dalla tua norma, in modo da crearti una nuova vita. È il modo più sano per rimettersi, specialmente ora che hai il controllo su tutti i dettagli.

Prendi decisioni difficili

Un cambiamento nella tua tabella di marcia quotidiana potrebbe non essere la risposta a tutto. Quando cerchi di allontanarti dal tuo ex, potresti dover prendere delle decisioni difficili. Tutto questo dipende da quanto lui fosse parte della tua vita.

Potresti già ritrovarti a dormire sul divano di un amico perché voi due vivevate insieme. Se stai ancora in piedi sulle tue gambe e in un posto tuo, dovresti compiere un passo in più fuori dalla tua zona di comfort.

Se lavorate nello stesso edificio, potresti considerare di cercare un nuovo lavoro. Non puoi costringerlo ad andarsene solo perché vi siete lasciati. Comunque, lavorare con il tuo ex può essere problematico per molte ragioni. Non vuoi che tutti sappiano i tuoi affari. Non sai cosa dice su di te, quindi è meglio tirarti fuori da questa situazione.

Trovare un nuovo posto di lavoro può essere un'ottima opportunità per te. Inoltre, non essere costretta a vedere i sorrisi e la felicità del tuo ex, ti può mettere in uno stato mentale più sano. Non vuoi dover venire a sapere dei suoi aumenti di stipendio né vuoi stargli intorno quando ricomincerà ad avere appuntamenti. Tu hai il potere di separarti da lui. Questo potrebbe richiedere una decisione difficile, come il decidere che è il momento di trovarsi un altro posto di lavoro.

Ci potrebbero essere altre decisioni difficili da prendere per allontanarti dal tuo ex. Torniamo alla tua tabella di marcia. Se ci sono dei momenti in cui ti imbatti in lui, devi capire come evitare che questo accada. Il tempo guarisce ogni ferita, quindi devi assicurarti di darti quel tempo. Se lui è sempre nel tuo campo visivo, è difficile guarire.

Lui potrebbe avere il tuo stesso giro di amici. Potrebbe lavorare nel tuo ristorante preferito. Potrebbe andare nella tua stessa scuola. Dovunque sia, significa che tu non devi essere in quel posto. Questo potrebbe voler dire rinunciare al tuo ristorante preferito, cambiare le tue lezioni in modo da non imbatterti in lui in cortile o vederlo ovunque tu vada.

Anche se non vuoi che la fine della relazione ti rovini la vita, non puoi nemmeno permettere a lui di continuare a condizionarla. Non vedere questi cambiamenti come un suo modo di controllarti ancora. Al contrario, vedili come un tuo modo di controllare la tua vita e separarti consapevolmente da lui.

Quando prendi la decisione di separarti da lui fisicamente, andare avanti può essere più facile.

Fatti aiutare dai tuoi amici

Avrai bisogno del supporto dei tuoi amici per superare la storia con il tuo ex. Separarsi da lui può essere particolarmente difficile se avete amici in comune. Loro devono supportarti nella separazione e nella tua disintossicazione generale da lui.

In un divorzio, si dividono tutti i beni in modo che ognuno ottenga qualcosa. In una rottura potresti dover dividere con lui alcuni dei tuoi amici. Anche se non puoi chiedere ai tuoi amici di fare favoritismi, puoi chiedergli di fare alcune cose con te e non con lui e viceversa. Se giocavate tutti insieme ai quiz, trova un altro posto dove giocare in modo che lui sia del tutto escluso. I tuoi amici dovrebbero capire il perché non vuoi più uscire con il tuo ex. Dovranno essere disposti a fare delle cose con te senza la sua presenza. Se non lo sono, probabilmente sono più amici del tuo ex che tuoi. Sapendo questo, ti sarà più facile stare vicino ai tuoi amici più stretti.

I tuoi amici devono essere consapevoli dei tuoi sentimenti. Tu non devi stare insieme ai tuoi amici solo perché loro possano spettegolare sul tuo ex. Questo causerebbe solo il tuo mettere in discussione le cose o il continuare a pensare a lui.

Anche se non puoi dire ai tuoi amici di chi devono essere amici, gli puoi chiedere di non parlare di lui in tua presenza. Lasciali spettegolare quando tu non ci sei. Dovrebbero essere disposti a frenare i loro discorsi in modo da evitare che tu riceva continui aggiornamenti su quello che fa il tuo ex.

I tuoi amici dovrebbero aiutarti con il processo di disintossicazione. Se vedono arrivare il tuo ex, dovrebbero essere i primi a condurti nella direzione opposta. Se il tuo ex ti si avvicina, dovrebbero essere i primi a dirgli di andarsene. E se uno dei tuoi amici lo menziona, gli altri tuoi amici dovrebbero dirgli di stare zitto.

Le persone che fanno parte della tua tribù sono quelle su cui contare maggiormente quando hai bisogno di un supporto. Loro devono aiutarti a disintossicarti dal tuo ex separandoti da lui in ogni aspetto della tua vita.

Questo passaggio può aiutarti a stabilire chi siano i tuoi veri amici. Se nessuno ti vuole supportare, è intuibile che non hanno a cuore i tuoi veri interessi. Devi circondarti di persone in grado di semplificarti il coraggioso gesto di separazione. Altrimenti, ti renderanno solo più difficile andare avanti. Non vuoi che nella tua vita ci sia più negatività di quanta tu ne abbia già dovuta sperimentare. Lascia che i tuoi amici ti aiutino. Le persone che non ti stanno aiutando non sono persone che vuoi avere nella tua vita, comunque.

Mantra per separarsi da lui

Devi ricordare a te stessa che è importante separarsi dal tuo ex. Se accetti lo stato delle cose, ti convincerai che va bene vederlo tutti i giorni. Non devi ritrovarti in una situazione in cui ti penti della tua decisione. Non vuoi neanche che ti venga ricordato quello che avevi, a prescindere dal motivo per cui vi siete lasciati. Il che significa che devi ricordare a te stessa perché è così importante separarsi dal tuo ex. Questo ti aiuterà a rimanere focalizzata sul tuo obiettivo finale di lasciarlo andare.

Recitare alcuni mantra dentro di te o ad alta voce ti può dare il coraggio di prendere tutte queste decisioni difficili.

- Posso guarire in modo più efficace senza averlo intorno
- Sono libera di essere me stessa e di essere felice per come sono
- Posso scegliere chi voglio essere e dove voglio andare
- Nessun uomo può dirmi cosa devo fare
- Io non lo amo, ma non devo stargli intorno

Se ti vengono in mente altri mantra aggiungili alla tua lista. Tutto quello che puoi dire per infonderti coraggio e fiducia ti aiuterà. Nel momento in cui stai andando avanti con una nuova vita, devi ricordare di avere il controllo. Lui dovrebbe essere completamente fuori dalla tua vita. Questo significa fuori dal tuo cuore, dai tuoi pensieri e dalla tua visuale. Quando riuscirai a convincerti di questo, potrai voltare pagina una volta per tutte.

Io verrò a cercarti, attraverso mille mondi e dieci mila vite, finché non ti avrò trovata.

10

TROVA IL TUO LIETO FINE

È ora di trovare il tuo lieto fine. Dopo tutto quello che hai passato, meriti di essere felicemente innamorata. Non c'è un tempo stabilito per trovare il tuo "felici e contenti", quindi non devi metterti fretta.

Una volta che hai voltato pagina, è più facile iniziare una nuova relazione senza che quella precedente ti tormenti. Nessuno vuole provare la sensazione di avere una relazione con te e con il tuo bagaglio precedente. Per questo motivo è una buona idea evitare di uscire con qualcuno prima di aver lasciato andare del tutto il tuo ex. Questo ti permetterà di impegnarti completamente nella nuova relazione che hai davanti.

Inizia ad avere degli appuntamenti

È ora di tornare là fuori. Puoi immergere le dita dei piedi nella piscina degli appuntamenti o puoi tuffarti nella parte più profonda. Questo dipende dalla tua zona di comfort. Per prima cosa potresti lasciare che un amico ti organizzi un appuntamento con qualcuno. Torna là fuori e sperimenta quanto può essere divertente incontrare nuove persone. Potresti anche iscriverti a un'applicazione di incontri e immergerti nel mondo degli appuntamenti.

Va bene anche diversificare e uscire dalla tua zona di comfort una volta ogni tanto. Non sai mai quando incontrerai l'uomo dei tuoi sogni o dove. Per questo devi essere disposta a provare nuove cose.

Ci sono alcuni modi per iniziare a frequentarsi:

- Usare le applicazioni di incontri
- Frequentare i luoghi di incontro della tua zona
- Lasciare che un amico faccia da intermediario
- Andare per locali
- Fare volontariato in un'organizzazione di beneficienza
- Inserirsi in una rete di contatti nel tuo settore
- Partecipare a una convention di cui sei appassionata, che sia di fumetti, libri, musica o altro

Devi essere del tutto te stessa. Non c'è bisogno di far finta di essere qualcuno che non sei. La persona giusta per te sarà attratta da chi sei. Se ti presenti con un atteggiamento di facciata, quella persona non riuscirà mai a conoscere la vera te. È più facile iniziare una relazione autentica se entrambi siete onesti su quello che siete. Inoltre, puoi trovare più interessi in comune se vi incontrate facendo qualcosa che entrambi amate.

Anche se potresti volere che sia l'uomo a inseguirti, siamo nel XXI secolo. Puoi anche scegliere di essere tu la predatrice. Se vedi qualcuno che ti piace, non esitare ad andare da lui. Puoi essere tu a dare il via al primo appuntamento, così non lasci che la sua timidezza vi impedisca di capire se siete compatibili.

Che sia lui a chiederti di uscire o che sia tu, tieni la mente aperta per l'appuntamento. Non parlare degli ex. Concentrati sul futuro. Mantieni la conversazione leggera mentre indaghi su quali sono i vostri punti in comune. Dovresti cercare una scintilla di chimica istantanea e allo stesso tempo assicurarti che abbiate degli interessi comuni.

La scintilla, da sola, non è in grado di stabilire una relazione sostenibile a lungo termine. Allo stesso modo, gli interessi comuni, da soli, non creeranno la passione che vuoi in una relazione a lungo termine. Hai bisogno di entrambe le cose se vuoi andare oltre il primo appuntamento.

Non lasciare che le aspettative su come dovrebbe essere l'uomo perfetto ti impediscano di vedere il potenziale di qualcuno. Se quella persona non ha la carriera che ti sarebbe piaciuta, concentrati sul fatto che sia appassionato del suo lavoro o che possa provvedere bene alla famiglia. Allo stesso modo, non essere così eccitata all'idea di avere un appuntamento da offuscare il tuo giudizio sulla sua capacità di renderti felice. Se non senti una vibrazione forte riguardo i suoi tratti caratteriali, potrebbe essere meglio ributtarlo nella piscina degli appuntamenti in modo che qualcun altra possa acchiapparlo.

Se l'idea di frequentare di nuovo qualcuno ti spaventa ancora, è normale.

Puoi scegliere di muoverti con i tuoi tempi. Puoi lasciare che un amico ti organizzi un appuntamento oppure puoi usare un'applicazione. In ogni caso, prima di incontrarvi di persona, parla con lui al telefono o via SMS per alcuni giorni. Questo può aiutarti a rompere un po' il ghiaccio prima di vedervi faccia a faccia. Puoi sapere chi è e cosa fa. Conoscendo un po' di più la sua personalità, sarà più facile per te sentirti a tuo agio quando vi troverete faccia a faccia. Questa scelta potrebbe infonderti più sicurezza quando finalmente vai a un appuntamento.

Stai attenta ai truffatori online.

Anche se conoscere qualcuno online può essere utile, questo non dovrebbe diventare un'estensione della relazione. Se hai provato a fissare un appuntamento faccia a faccia con la persona e lei trova delle scuse, stai attenta perché potrebbe imbrogliarti. La truffa online è l'atto di fingersi qualcun altro. Spesso, se una persona non vuole fare una videochiamata o non vuole un incontro faccia a faccia, potrebbe non essere la persona ritratta nella foto o potrebbe non essere disponibile come sostiene di essere.

Anche se ci sono persone più impegnate di altre, tu devi proteggere te stessa. Se non puoi fare una videochiamata e la persona in questione non vuole incontrarti, rompi i rapporti. Chiunque sia davvero interessato a una relazione farà lo sforzo di incontrarti di persona.

Conosci la persona.

Dopo alcuni appuntamenti dovresti avere un'idea più chiara su chi sia la persona. Anche se probabilmente non sei pronta a impegnarti con un "lo voglio", dovresti essere in grado di stabilire se ha le qualità che desideri.

Prenditi tempo per capire davvero chi sia in modo da sapere se quell'uomo può essere tuo per sempre. Scopri il suo linguaggio d'amore: per esempio come lo esprime. Una persona può farlo a parole, con dei favori, dei regali (da fare e ricevere), con tempo di qualità o attraverso il contatto fisico. Tu identificherai il tuo uomo grazie a una caratteristica che spicca sulle altre. Quando frequenti qualcuno devi essere in grado di esprimere l'amore e l'affetto in un linguaggio che vada bene per quella persona. L'ideale è che si riesca a parlare lo stesso linguaggio d'amore. Comunque sia, voi due potete imparare a parlare l'uno il linguaggio dell'altro.

Non dimenticarti di te stessa.

È facile farsi trascinare da una nuova relazione. Tutto è nuovo e vuoi passare ogni minuto del tuo tempo con questa nuova persona. Anche se vuoi dare la priorità alla tua relazione, non devi permetterle di consumarti. Per questo devi concepire un programma. Assicurati di serbare del tempo per te stessa.

Se ti dimentichi di te stessa rischi di tornare al punto di partenza qualora la relazione finisca. Non devi perdere di vista chi sei come individuo solo perché fai parte di una coppia. Concediti il tempo per te, anche se questo comporta prenderti una notte libera dal tuo nuovo uomo.

Vedersi con qualcuno è divertente e romantico. Tuttavia, non è una cosa che ti deve divorare. Ogni relazione ha bisogno di equilibrio. Fagli sapere da subito che hai bisogno di tempo per te stessa in modo che lui lo abbia ben chiaro per tutto il periodo della vostra relazione, indipendentemente da quanto durerà. Anche se all'inizio potrebbe sembrare una cosa seccante, alla fine la rispetterà. Se non lo fa, allora saprai che non è l'uomo giusto per te.

Lista degli appuntamenti

Dovresti usare tutte le caratteristiche che hai creato per l'uomo perfetto, e quelle che hai capito che non dovrebbe avere, per crearti una lista degli appuntamenti. Quando inizi a uscire con qualcuno devi ricordare a te stessa il tipo di uomo che stai cercando, sia tramite gli accoppiamenti in un'applicazione per incontri, sia tramite le connessioni spontanee che crei tu.

Una lista degli appuntamenti ti renderà più facile uscire, divertirti e lavorare per una relazione seria a lungo termine.

. . .

Devi ricordare a te stessa che puoi interrompere gli appuntamenti in qualsiasi momento. Non sei obbligata a uscire con qualcuno che non ti piace. Se vedi che questi appuntamenti non portano da nessuna parte, interrompili prima che entrambi vi affezioniate troppo.

La tua lista dovrebbe includere alcuni dettagli importanti:

- Il tipo di uomo che stai cercando, compresi i suoi valori fondamentali
- Modi per cominciare una conversazione per aiutarti a iniziare con il piede giusto
- Il promemoria per non condividere troppo (soprattutto al primo appuntamento)
- Perché sei una persona fantastica e degna di amore

Sebbene questa lista non debba essere necessariamente messa per iscritto, potrebbe rivelarsi utile scriverla sul tuo diario. Mettila nero su bianco, così magari scopri che potrebbe essere quello di cui hai bisogno per stimolarti ad andare all'appuntamento. Se ti sei messa in testa di non essere pronta, la lista può provarti il contrario.

Inoltre, nessuno deve vedere la tua lista. Se vai a più di un appuntamento aggiornala. Questo ti può aiutare a ricordare di fare caso a delle cose specifiche, parlare di certe questioni o anche fare diverse domande. È la tua guida per assicurarti di avere appuntamenti alle tue condizioni e con i tuoi tempi.

. . .

Non aver paura di impegnarti

La paura dell'impegno è il fattore che causa la fine di molte relazioni. Non vuoi ritrovarti a perdere la testa per un ragazzo solo per lasciartelo scivolare tra le dita perché sei troppo cauta riguardo a prendere un impegno.

Non puoi permettere alla paura di condizionare la tua felicità. Anche se la tua ultima relazione seria non ha funzionato, questo non deve avere un impatto su quella nuova. Anche se non c'è alcuna garanzia che questa relazione funzioni, non lo puoi sapere finché non accade.

Se permetti al tuo ex di impedirti di andare avanti, ha vinto lui. Gli stai permettendo di continuare a comandare su un aspetto della tua vita. Questo non è giusto per te. E di certo non è giusto neanche per il nuovo uomo nella tua vita. Se hai davvero dimenticato il tuo ex, lui non dovrebbe essere nei tuoi pensieri. Non dovresti sentirti agitata alla sua vista. Non dovrebbe interessarti se lo vedi con un'altra.

Quando avrai dimenticato davvero del tutto il tuo ex, vederlo o sentir parlare di lui non ti distruggerà. Sapere che è uscito dalla tua vita potrebbe darti la forza di voltare pagina. Lui non ti sta trattenendo più. Solo tu puoi trattenerti. Ricorda a te stessa che sei degna di trovare l'amore. Ricorda quanto hai lavorato duramente per costruirti la fiducia in te stessa. Puoi impegnarti con qualcuno perché sei degna dell'amore di quella persona.

Non costruirti delle mura intorno, altrimenti lascerai vincere il tuo ex. Al contrario, sii pronta ad aprire te stessa alla possibilità di innamorarti. Anche se potrebbe non succedere con la prossima persona con cui esci, l'unico modo per saperlo con sicurezza è permetterti di provare. Se senti la chimica con qualcuno e avete delle cose in comune, potrebbe essere quello giusto. Permetti a te stessa di impegnarti per vedere dove questo ti porta. Potrebbe finire con il lieto fine che stai cercando.

Mantra per essere felici

È importante ricordare a te stessa che meriti di essere felice e di trovare il tuo lieto fine. Per questo potresti aver bisogno di recitare qualche altro mantra quando raggiungi il punto in cui sei pronta a trovare la felicità. Anche se non hai bisogno di appuntamenti, stai decidendo di averne.

Recita alcuni di questi mantra quando senti l'insicurezza insinuarsi in te:

- Amo me stessa, nonostante tutto
- Non ho bisogno di un uomo per essere felice
- Accetto l'amore e la positività nella mia vita
- Sono degna dell'amore e di essere amata
- Là fuori da qualche parte c'è un uomo degno del mio amore

Questi promemoria pronunciati a voce alta o tra te e te possono darti il coraggio di andare avanti con la tua vita. Puoi essere felice, amata e avere una relazione equilibrata. Il tuo ex non ti meritava. Ora che non c'è più, puoi aprirti una nuova strada in modo da vivere la vita migliore che puoi.

Una piccola grande verità, una sola semplice certezza. La vita continua, anche se a volte ci sembra impensabile e inaffrontabile, è davvero così. Ma per farlo davvero dobbiamo imparare a chiudere col "passato che non passa", smettere di rimuginare sul latte versato, per concentrarci con energia sulla felicità che ci aspetta dietro l'angolo.

ANTONIA L.

VOLTARE DAVVERO PAGINA: LASCIAR ANDARE E CHIUDERE LE RELAZIONI IN MODO SANO

Dopo il fuoco ardente di una relazione fallita, spesso viene lasciata sola in mezzo alla cenere. L'autore di bestseller Antonia L. aiuta le innumerevoli donne che si trovano ad affrontare la realtà del mal d'amore a recuperare la lucidità e far chiarezza.

"Voltare Davvero Pagina" mostra il fuoco per quello che realmente era, ed incoraggia le donne a soffocare quel focolaio che minaccia di riaccendersi.

Questo libro ispira le donne a liberarsi dal peso di una relazione morta, e a trovare la libertà di prenderne le distanze. Le incoraggia anche a starne alla larga ed evitare di ricadere nel ciclo ripetitivo del mal d'amore.

Quando ti trovi in una relazione morente, stai prendendo le distanze da una terribile storia d'amore, o stai imparando a far sì che qualcosa di non più buono diventi un ricordo del passato, "Voltare Davvero Pagina" ti aiuterà davvero a farlo, e ad iniziare a scrivere una nuova storia d'amore. La fine è solo l'inizio...

https://amzn.to/2MLMOgQ

Ciara

★ ★ ★ ★ ★ **Consiglio di cuore a chi serve aiuto emotivo dopo un abbandono.**

Questo libro è pieno di forza, ed è tutto ciò che una donna ha bisogno di sentirsi dire quando deve affrontare le incertezze delle relazioni passate

Andrea C.

★ ★ ★ ★ ★ **Per cuori affranti**

Hai presente quella sensazione quando inizi un libro e ti fermi a dire cose come "wow" e "è così bello"? E quando poi inizi a raccontare a tutti quelli che conosci di questo libro? Quando inizi a parlarne ogni giorno e i tuoi amici sanno già cosa stai per dire ancora prima di aprire la bocca? Tutto quello che è stato Voltare Davvero Pagina per me. Mi sono sentita più forte, grata, emotivamente colpita... Incredibile quello che un libro può fare.

Printed in Poland
by Amazon Fulfillment
Poland Sp. z o.o., Wrocław

61189008R00089